Joachim Siegerist

Von Willy Brandt
bis Papst Franziskus

Joachim Siegerist

Von Willy Brandt bis Papst Franziskus

Herausgeber:
WPR Wirtschafts- und Verbands-PR GmbH
Dezember 2018

1. Auflage Dezember 2018

WPR Wirtschafts- und Verbands-PR GmbH
Beethovenstraße 60 – 22083 Hamburg
Telefon: 040 - 298 10 390 – Telefax: 040 - 298 22 240

Druck:
SZ-Druck & Verlagsservice GmbH
Urbacher Straße 10, 53842 Troisdorf

Gestaltung des Umschlags:
Murat Temeltas

ISBN: 978-3-910087-17-0

Inhalt

Widmung

Ich widme dieses Buch meinen Mitarbeitern, die seit vielen Jahren mit ganzem Herzen für unsere Sache kämpfen.

Büroleiter Murat Temeltas. Gutmütig und auch dann noch geduldig, wenn mir schon der Kragen platzt.

Uwe Hempen, unser Schatzmeister. Er sitzt auf der „Kohle'" wie ein Adler, der seine Jungen bewacht.

Timo Berka, zuständig für die gesamte Technik und die Buchhaltung. Urlaub? Damit steht er auf Kriegsfuß. Immer wieder verschieben und obwohl ihn keiner dazu ermuntert ...... selbst im Urlaub nimmt er Arbeit mit nach Hause.

Beata Lopinski, unsere polnische Perle, die für die Reinlichkeit sorgt und für den Postversand.

Außerhalb des Büros arbeitet für uns ganz großartig Peter Helmes. Seine Bücher und Broschüren haben Spitzenauflagen erreicht. Eine tragende Säule des Verbandes.

Die gute Brigitte Hochstrate. Von St. Augustin aus schreibt sie meine Briefe und Buchtexte. Sie war die Sekretärin von Heinrich Lummer im Bundestag. Heinrich Lummer, der seit 15 Jahren nach einem Schlaganfall schwerst-behindert ist, hat immer treu zu uns gestanden. Auch in schweren Zeiten.

Malina Andronescu. Sie ist mit zuständig für das DEUTSCHLAND-Magazin. Geboren in Rumänien, wie Ivan Denes, ihr verstorbener Ehemann, der über 10 Jahre mein Stellvertreter als Vorsitzender der Deutschen Konservativen war und immer dann explodierte, wenn der „böse Siegerist" von den Linken in die antisemitische Ecke gestellt wurde. Der gute Ivan, der einige Jahre in Ceausescus Gulag verbrachte, war jüdischen Glaubens.

Nicht zu vergessen – viele, viele Spender, ohne die unsere Arbeit gar nicht möglich wäre.

Und wie kann ich diese zwei unerwähnt lassen? Pfarrer Winfried Pietrek, der das Vorwort zu diesem Buch geschrieben hat und mich immer wieder berät, ... und natürlich Frau Pahl, unsere Anwältin, mit der dieses Buch beginnt.

Joachim Siegerist Zur Jahreswende 2018/2019

Joachim Siegerist

Lieber Joachim!

Beim Korrektur-Lesen von „62 Siegerist-Geschichten“ (Dezember 2018) habe ich Deine Berichte verschlungen. Ein Lese-Abenteuer nach dem anderen! Und zwischen den Zeilen Dich, unermüdlich kämpfend, erlebt. Den, der sich selbst in seinen Berichten nie schont, sondern lächelnd sich selbst auf den Arm nimmt. Allerdings auch andere fair, aber schonungslos mißt.

Eine unverblümte Sprache! Du schreibst, wie Du sprichst. Ein Natur-Talent, das zugleich seine Botschaften rüberbringt. Spannend, wie sie sind, treffen sie nachhaltig ins Gemüt, ohne aufdringlich zu sein. Sonst würde es „Die Deutschen Konservativen“ nicht mehr geben. Du suchst jeden ernstzunehmen – von der Gemüsefrau bis zum Papst. Du versteckst weder die eigenen, noch fremde Tränen, keine Erschütterung, keine überstandene Bosheit. Dein Tanz zwischen lauter Fettnäpfchen hindurch ist meisterhaft. Zugleich hast Du den Mut, Dich konsequent zum christlichen Glauben zu bekennen, nicht nur mit Worten. Und uns allen den Spiegel vielfältiger Not von Menschen vorzuhalten. Ich will nicht weiterloben, sonst läuft das Fett über. Dieses, Dein neuestes Buch empfiehlt sich von selbst bei dem, der anfängt, es zu lesen. Dir und uns wünsche ich noch viele weitere Bücher (und Jahre).

Dein alter Freund Winfried Pietrek

Heidenfrau und Rotstift

Da habe ich unserer guten Anwältin Gisa Pahl wirklich Unrecht getan. Um sie zu ärgern, nannte ich sie manchmal „Heiden-Frau". Sie weiß wirklich so gut wie alles über die alten Germanen und deren Götterkult.

Wollen Sie alles über die Schlacht im Teutoburger Wald wissen, das Fällen der Wotaneiche? Anruf bei Frau Pahl genügt. „Heidenfrau" und Rotstift zugleich. Rotstift? Sie liest jeden Rundbrief, jede Stellungnahme von mir vor der Veröffentlichung. Das DEUTSCHLAND-MAGAZIN geht ohne den Segen von Frau Pahl nicht in die Druckerei.

Das ist notwendig, weil unsere Gegner nur darauf warten, daß wir einen Fehler machen. Manchmal nimmt das verrückte Formen an.

Ein Beispiel: Veröffentlicht z.B. STERN oder SPIEGEL Bilder aus dem Dritten Reich – kein Problem. Da können Hakenkreuze dutzendfach gezeigt werden. Warum auch nicht? Es war nun einmal so. Deswegen würde niemand auf die Idee kommen, dem SPIEGEL „Nazi-Nähe" zu unterstellen. Ganz anders bei uns. Würden wir ein Foto bringen, auf dem das Zeichen der Hitler-Partei zu sehen ist – es gäbe genügend politisch korrekte Staatsanwälte, die uns das als verbotenes Zeigen von „verfassungsfeindlichen Symbolen" unterjubeln würden.

Die gute Frau Pahl hat mich vor manchem Kummer bewahrt.

Die Bezeichnung „Heidenfrau" ist nur scherzhaft gemeint. Denn das ist sie nicht. Sie hat zwar zu allen kirchlichen Institutionen alles andere als ein gutes Verhältnis. Doch sie glaubt aus gutem Grund an Gott und an ein Weiterleben nach dem Tode. Das hat einen Grund – und den schildert sie hier das erstemal:

Friedhof in Stuttgart. Gisa Pahl besucht das Grab ihres Vaters. Gestorben 1981. Das Herz ist ihr schwer. Sie hat Kummer, beruflich. Die Anfeindungen der Linken gegen die mutige Anwältin gehen nicht spurlos an ihr vorbei. Immer, wenn der Kummer zu groß wird – dann spricht sie am Grab ihres Vaters mit ihm. Ein Monolog. Aber sie ist sicher: Papa hört sie.

Ein dunkler Tag. Wolken, hohe Bäume. Plötzlich durchbricht ein Sonnenstrahl die Wolken. Er fällt genau auf den Namen Günter Degner, der in den Grabstein eingemeißelt ist. Dann wandert er langsam über den ganzen Stein und zwei Rosen, die das Grab schmücken – so als ob ein Scheinwerfer langsam alles ausleuchten würde. Gisa Pahl: „Ich spürte die Nähe meines Vaters, obwohl ich ihn nicht sah". 20 Minuten dauert die tief unter die Haut gehende Lichtererscheinung. Dann wird der Sonnenstrahl matter und matter. Gisa Pahl steht am Grab und weint.

Der Mord in Lübeck

Der SPIEGEL war nicht unbedingt mein Lieblingsblatt. STERN und SPIEGEL – für mich und meine Freunde in den Siebzigern und Achtzigern „linke Kampfpresse". Trotzdem hatte ich eine gewisse Hochachtung. Zwar links – aber in den beiden Blättern gab es noch richtigen Journalismus. Wer bei STERN oder SPIEGEL arbeitete, der mußte schon gut sein. Unerträglich war für mich STERN-Chefredakteur Henry Nannen, der sich als moralische Instanz aufspielte, obwohl er im Dritten Reich fanatische Reden für Hitler schrieb und als eine Art journalistischer Kriegs-Propagandist den „Endsieg" auch noch dann versprach, als der Krieg längst verloren war.

Risse bekam meine Hochachtung vor dem SPIEGEL als das Blatt mich selber aufs Korn nahm – und das war echter Schweine-Journalismus. Ich arbeitete an meinem ersten Buch „Willy Brandt, das Ende einer Legende". Ein Kapitel befaßte sich mit dem Mord an einem Lübecker SA-Mann. Zu Unrecht wurde Brandt als Täter beschuldigt. Als Hitler an die Macht kam, flüchtete Brandt nach Skandinavien. Das machte ihn noch verdächtiger. Ein pensionierter Kriminal-Hauptkommissar August Naujock verfaßte in Millionen-Auflage – noch in den Sechzigern – eine Art Anklageschrift, in der der Mord „eindeutig" Willy Brandt nachgewiesen wurde. Brandt schwieg dazu.

Die Lübecker Staatsanwaltschaft war mir gut gesonnen, und ich bekam sämtliche Akten über den „Lübecker Mord in der Hundestraße". Vergilbte Akten von einer Justiz, die zu Beginn der NS-Zeit noch in vielen Bereichen unabhängig war. Aus den Unterlagen ging klar hervor, daß Brandt mit dem Mord absolut nichts zu tun hatte. Und nach weiteren Recherchen bekam ich heraus, daß der pensionierte Hauptkommissar Naujock psychisch schwer gestört war.

An einem Montag rief mich der zuständige Staatsanwalt aus Lübeck an und sagte „Herr Siegerist, ich bin schwer enttäuscht von Ihnen. Ich habe Ihnen im Vertrauen auf saubere journalistische Arbeit die Akten gegeben, und jetzt schreiben Sie, daß Willy Brandt den Mord begangen hat. Ich habe es heute im SPIEGEL gelesen".

Der SPIEGEL hatte in einem „Exclusiv-Bericht" geschrieben, daß ich in meinem Brandt-Buch dem damaligen Bundeskanzler den Mord in der Hundestraße anhängte. Das Blatt erweckte den Eindruck, als habe es meine Manuskripte gelesen. Es folgte eine detaillierte Inhalts-Beschreibung meines Buches – obwohl außer mir selber niemand den Text kannte. Das war schon reichlich dick.

Tatsache ist: Auch in CDU- und CSU-Kreisen wurde das Naujock-Dokument massenweise verbreitet. Aus dem „rechten Lager" war ich der Einzige, der Brandt in dieser Sache so etwas wie rehabilitierte. Mit unerträglicher Arroganz hatte der SPIEGEL immer wieder über die „Schlampigkeit" von BILD-Redakteuren bei der journalistischen Recherche geschrieben. Ich war Leiter einer BILD-Redaktion und kann versichern, daß gerade bei BILD sehr, sehr gründlich recherchiert wurde, bevor etwas ins Blatt kam. Wir wollten als BILD-Redakteure unseren Gegnern auf keinen Fall Munition liefern.

Seit meinen eigenen SPIEGEL-Erfahrungen bin ich skeptisch geworden, was den Wahrheitsgehalt von SPIEGEL-Redakteuren und deren „Tüchtigkeit" betrifft. Und der STERN? Die Auflage sinkt und sinkt, und das hat wohl nicht nur etwas mit den Hitler-Tagebüchern zu tun, auf die wirklich nur journalistische Dummköpfe hereinfallen konnten.

Der Papst kam im kleinen FIAT

Das Laufen fällt ihm schwer. Ein- und Aussteigen aus dem kleinen FIAT TIPO macht Mühe. Der Papst fährt vor. Riga, Ende September 2018. Ich bin nervös. Eine Audienz für 10 Personen. Ich bin dabei. Im Laufe meines abenteuerlichen Lebens als Journalist habe ich manch einem Großen die Hand schütteln können. Aber dem Papst? Das ist schon etwas anderes.

Stellvertreter Gottes auf Erden? Daran mag man glauben oder nicht. Tatsache ist jedoch unzweifelhaft, daß JESUS CHRISTUS einen Nachfolger gewünscht – ja mit Petrus selber eingesetzt – hat.

Ohne das Papsttum hätte die Christenheit vermutlich keine 2000 Jahre überlebt.

Dieser Papst ist ein besonderer Papst. Seine Botschaft nach der Amtseinführung: „Eine arme Kirche für die Armen". Franziskus wählte er sich als Pontifex-Namen, Franz von Assisi als Vorbild. Der lebte in Armut, beeinflußte die Kirche aber mehr als manch ein anderer.

Sohn eines reichen Kaufmannes, suchte er die Armut, war überzeugt davon, daß er Gott näher steht, wenn er keine weltlichen Ansprüche stellt.

Als der FIAT TIPO vorfährt, muß ich an den Heiliggesprochenen aus Assisi denken. Vor Jahren bin ich selbst einmal dort gewesen.

Der Papst in Lettland. Kann das gut gehen? Von der Region Latgalen abgesehen – die Letten sind in der überwiegenden Zahl nicht christlich eingestellt. Der Kommunismus hat tiefe Spuren in den Köpfen, Herzen und Seelen der Menschen hinterlassen. Die Innenstadt von Riga ist abgesperrt. Aber hinter den Absperrungen winken und jubeln die Menschen dem Papst zu. „Ein Glück“ – sagt ein Vatikan-Mitarbeiter, der wie ein Schießhund auf die vom Papst mitgebrachten Rosenkränze aufpaßt.

Einige durchbrechen die Absperrung, laufen zum FIAT. Der Papst lächelt, schüttelt die ihm zugestreckten Hände. Als eine junge Mutter ihm ihre schwer verkrüppelte Tochter entgegenhält, läßt er das Auto stoppen, steigt aus und küßt das Kind auf die Stirn, segnet Mutter und Kind.

Dann betritt der Papst den kleinen Raum, in dem die Audienz stattfindet. Er kommt auf mich zu, streckt mir beide Hände entgegen und sagt in deutscher Sprache: „Ich habe von Bischof Palovskis von ihrer Arbeit erfahren. Danke für all die Hilfe von Ihnen und Ihren Freunden aus Deutschland“.

Wie gern hätte ich den Papst gebeten, noch einen Abstecher in die von uns errichtete Bernstein-Kapelle zu unternehmen. Der Bischof muß es geahnt haben, mahnt mich: „Joachim, mach das nicht. Du bringst sonst das ganze Programm durcheinander.“

Franziskus nimmt sich Zeit bei der Audienz. Für jeden ein persönliches Wort. Kirchlich ist der Papst nicht unumstritten.

Ich kann nur meinen persönlichen Eindruck wiedergeben. Ich bin selten einem Mann begegnet, der soviel menschliche Wärme ausstrahlt. Eine halbe Stunde – dann ist die Zeit für die Audienz abgelaufen. Der Papst schenkt mir – verpackt in ein mit seinem Wappen verzierten roten Kästchen – einen Rosenkranz. Ich werde ihn in der Bernstein-Kapelle der dort stehenden Fatima-Madonna umhängen ...... obwohl die Kapellen-Gemeinde evangelisch ist.

Für die war ich Kommunist

Hört sich verrückt an – aber es stimmt: Die kommunistische Partei in Lettland war stramm auf meiner Seite. Damals – Anfang der Neunziger. Ich war nach Lettland gegangen, um nach dem lettischen Zweig meiner Familie zu suchen. Sibirien. Rita, meine Halbschwester hatte die Deportation überlebt. 10 lange Jahre. Omsk, Tomsk, Novosibirsk. Mein Vater konnte den roten Schergen im letzten Moment entkommen, war nach Deutschland geflüchtet.

Die Letten gaben mir – zusätzlich zu meiner deutschen – die lettische Staatsbürgerschaft ...... und ehe ich mich versehen konnte, war ich Kandidat fürs lettische Parlament. Die auf den Namen „Siegerist-Partei" getaufte Gruppe wurde auf Anhieb zweitstärkste Partei und geplant war eine Koalition der „linken Mitte" ...... was immer sowjetische Menschen auch darunter verstehen. Die Namensbezeichnung spielt im einstigen Ostblock kaum eine Rolle.

Ich hatte eine Koalition aus Kommunisten, Ex-Kommunisten und Konservativen „gebaut". Aber es fehlten vier Stimmen zur Mehrheit. Da stand der Fraktionschef der Kommunisten bei mir auf der Matte – und sagte mir: „Sie können auf uns bauen. Sie waren Gewerkschafter und sind Sozialist. Unsere Stimmen sind Ihnen sicher, wenn Sie die Regierung stellen wollen." Ich war baff.

Kommunistische Stimmen für den Kommunistenfresser Siegerist. Ich hatte in den Mittelpunkt meiner Angriffe Parlamentspräsident Gorbunovs gestellt, der in der Sowjetzeit Chef der lettischen Kommunisten war.

Da kamen drei Dinge zusammen:

Der mich besuchende Kommunisten-Chef konnte Gorbunovs nicht ausstehen, nahm ihm übel, daß er sich vom Kommunismus abgewandt und einer liberalen Partei beigetreten war (Lettischer Weg).

Meine Gewerkschafts-Zeit. Das war keine sozialistische Gewerkschaft, sondern der Christliche Gewerkschaftsbund (CGB). Dort war ich eine Zeit ehrenamtlicher Chefredakteur der Gewerkschafts-Zeitung DGZ – Deutsche Gewerkschafts-Zeitung, die ich auf strammen Anti-DGB-Kurs trimmte.

Sozialist. Für Kommunisten ist es nicht nachvollziehbar, daß ein Konservativer sozial sein kann.

Sozial gleich sozialistisch. Anders kann es für Kommunisten nicht sein.

Dann die Stunde der Wahrheit. Regierungsbildung. Die Kommunisten standen auf meiner Seite wie ein Fels in der Brandung. „Das ist unser Mann" verkündete Kommunistenchef Strogunovs. Die lettischen Nationalisten sahen das anders. Sie waren harte Gegner von dem Deutschen.
Mit den Stimmen der KP hatte ich genau eine Stimme Mehrheit. Aus der Traum. Bei der Wahl stimmte ein Mann meiner eigenen Partei gegen mich. Die Kommunisten nannten ihn Verräter.

Heute kann ich froh sein, daß die Sache damals schief ging. Ich hätte es nicht überlebt. Mafia, Politik und das große Geld. Das alles hing eng zusammen. Entweder hätte ich diese Masche mitgestrickt – oder aber ...... Na, Sie wissen schon.

Meine Erfahrungen mit Kommunisten – die waren schon abenteuerlich.

Die alte Dame und die Tochter

Die alte Dame kam regelmäßig einmal im Monat in unser Büro. Seit mindestens 15 Jahren. Immer nach der Rentenzahlung. Dann bringt sie 20 Euro und bedankt sich dafür, daß wir unsere Arbeit für Deutschland machen. Ganze 798 Euro Rente hat sie – erfuhr ich bei einer Tasse Kaffee. Und davon zweigte sie noch die 20 Euro ab. Würde ich das Geld nicht annehmen – sie wäre in ihrem Stolz getroffen. Ich versuchte es mit Gegengaben, gutem Kaffee oder Lebensmittelscheinen vom Supermarkt. Keine Chance.

Spendenbescheinigung? Damit kann sie nichts anfangen – und „bitte auch keinen schriftlichen Dank. Dann könnte meine Tochter erfahren, daß ich Ihnen helfe. Für die sind Sie Nazi."

Irgendwann entdeckte die Tochter in Mamas Wohnzimmerschrank eines unserer DEUTSCHLAND-Magazine. Am nächsten Tag kam sie in unser Büro in der Hamburger Beethovenstraße. Aufgebracht – streitlustig wie eine Kampfhenne. Die Mutter mit Nazi-Dreck versorgen, ihr weniges Geld abluchsen. Schlecht sind die Konservativen. Durch und durch. Ich hörte mir alles still an. Wäre da nicht die Mutter – ich hätte die schrille Linke aus dem Büro befördert. Nach 10 Minuten ging ihr selber die Luft aus, und sie ging.

Am nächsten Tag kam ihre Mutter wieder ins Büro. „Ich habe da etwas gespart. 100 Euro. Eine Wiedergutmachung für das Auftreten meiner Tochter. Doch diesmal nahm ich das Geld nicht an. Die alte Dame ging beleidigt. Am nächsten Morgen sah ich im Briefkasten nach der Post. Da lagen sie – die 100 Euro.

Sein Traum – Busfahrer

Ich hatte große Pläne mit dem Jungen. Christian, Waisenhaus in Rumänien. Dort lernte ich ihn nach dem Sturz des kommunistischen Diktators Ceausescu kennen. 14 war er damals. Aus den Waisenhäusern rekrutierte Ceausescu seinen Nachwuchs für die berüchtigte Geheimpolizei, die Securitate. Christian war für die Securitate vorgesehen. Das Ende des Kommunismus bewahrte ihn vor diesem teuflischen Geheimdienst, für den Menschenleben nicht zählten.

Deutsch-Kurse in Rumänien, Nachhilfeunterricht und in den Sommerferien Einladung nach Deutschland. Als er 18 Jahre alt war, meldete ich ihn bei der Hotelfachschule STEIGENBERGER in Bad Reichenhall an. Begeistert war er nicht. Sein Traumberuf – Busfahrer. Ich war strikt dagegen. Nach der Hotelfachschule STEIGENBERGER 2 ½ Jahre Hotelschule im österreichischen Villach. Schließlich noch eine Kochlehre. Meine Idee: Wer im Hotelfach alles von der Pieke auf gelernt hat – der kann in der Hotel-Hierarchie schnell ganz bis oben steigen. Christian zog die Lehrzeit widerwillig durch. Ich dachte mir – „das wird sich im Beruf geben. Er kann im Ausland arbeiten, die Welt sehen."

Als er mehr schlecht als recht alles durchgezogen hatte, bekam er ein Angebot von einer berühmten Kreuzfahrtlinie. Jeder junge Mann würde vor Begeisterung Luftsprünge machen – dachte ich.

Christian aber träumte weiter von seinem Busfahrer-Job.

Inzwischen ist Christian glücklich verheiratet, hat zwei Kinder ...... und er ist Busfahrer. Gegen den Willen anderen beruflich etwas aufzwingen – das würde ich nie wieder machen.

Hotel-Direktor – das war meine Hoffnung. Busfahrer – aber er ist glücklich.

Putin und Trump sind meine Gäste

Mein Kater in Lettland heißt Putin. Eine Mischung zwischen garstiger Kampf-Katze und zärtlich einer mich umschmeichelnden Schmusekatze. Putin stand eines Tages vor der Haustür. Woher er kam – das wußte keiner. Mit beiden Pfoten klammerte er sich an der Haustür fest. Ein klares Signal für „Ich will bleiben". Und er blieb natürlich.

Putin wird von allen Hunden der Nachbarschaft gefürchtet. Früher kamen sie immer zu mir. Ein Stückchen Wurst war ihnen sicher. Das paßte Putin ganz und gar nicht. Er ging auf jeden Besuchs-Hund los. Ohne blutige Nase kam kein Hund davon. Selbst zwei Schäferhunde trieb der Kampf-Kater in die Flucht. Sie hätten Putin mit einem Biß ins Genick das Lebenslicht ausblasen können. Aber offenbar waren sie so von dem wild fauchenden Ungetüm geschockt, daß sie das Weite suchten.

Putin nutzt jede Gelegenheit sich in mein Schlafzimmer zu schleichen. Da versteckt er sich unter dem Kopfkissen – in der Hoffnung unentdeckt zu bleiben. Putin ist besitzergreifend. Im Kaminzimmer des Landhauses steht eine Couch. Die betrachtet er als sein Eigentum. Wer sich auf die Couch setzt – der wird von ihm angefaucht. Was dem echten Putin die Krim ist – das ist dem Katzen-Putin die Couch.

Doch wollen wir nicht nur schlecht über Kater Putin reden. Er hat auch seine guten Seiten. Im September dieses Jahres nahm ich ein kleines, ausgesetztes Kätzchen zu mir ins Haus. Die Gärtnerin hatte es hinter der Bernstein-Kapelle entdeckt. Da saß es. Ein Jammerbild. Spindeldürr und zerzaust.

Wir päppeln es auf – beschloß ich. Aber wird Putin eine andere Katze akzeptieren? Ich sah schwarz. Irrtum. Putin zeigte sich von seiner besten Seite, leckte dem kleinen Mieze-Kätzchen das Fell blitzblank sauber. Das Kätzchen – ein kleiner Kater. Als ich es streicheln wollte, stieß Putin mich mit der Nase an – sagte damit „Aber hallo, das Kätzchen ist mein Sohn und gehört zu mir".

Aber das pendelte sich ein. Jedenfalls sind Kampfkater Putin und der neue Hausbewohner ein Herz und eine Seele. Doch ein Name muß her. Erdogan – das ist kein Katzenname. Und so kamen wir auf „Trumpi".

In meinem Haus in Lettland sind Putin und Trump Dauergäste.

Der Tod ist mein Freund

65 Jahre – ab in den Ruhestand. Eine Horror-Vorstellung für mich.

Wenn mich „der da oben“ läßt – dann arbeite ich so lange, wie es meine geistigen und körperlichen Kräfte zulassen. Mit dem Ruhestand ist das so eine Sache. Wer zum Beispiel als Maurer, Straßenbauarbeiter oder ähnlichen Berufen sein ganzes Leben lang schwer gearbeitet hat, der ist froh, wenn er mit 65 Schluß machen kann. Wär ich auch.

Arbeit ohne Freude, nur um Geld zu verdienen – das ist eine bittere Sache. Ich erinnere mich noch an meine Lehrzeit. Schriftsetzer beim WESER KURIER in Bremen. Drei Jahre, eine miese Zeit. Ein unangenehmer Lehrmeister, der nach oben dienerte und nach unten trat. Dazu ein durch und durch linker Betrieb. Die vom DKP-Mann Georg Stockmann gelenkte Gewerkschaft IG Druck und Papier hatte das Kommando. Mitgliedschaft war ein „Muß“. Ich erst 16, hatte aber schon klare politische Vorstellungen, war Mitglied der CDU-Jugendorganisation Junge Union und sagte „Nein“, wurde Mitglied im Christlichen Gewerkschaftsbund (CGB). Toleranz der Linken? Ich lernte sie kennen. „Arbeiterverräter“ war noch ein harmloses Schimpfwort, mit dem ich bedacht wurde. Eine schwere Zeit. Am Montag dachte ich schon „Hoffentlich ist bald Mittwoch. Wenn Mittwoch ist – dann ist auch bald Freitag. Wenn Freitag ist – dann endlich Wochenende.“ Wer sein ganzes Leben nur aufs Wochenende oder den Jahresurlaub hinarbeitet – der ist ein armer Hund – und ich kann verstehen, wenn er sich auf die 65 freut.

Ganz anders war da unser guter Dr. Krüger, langjähriger Vorsitzender des Ältestenrates der Konservativen. Noch mit 98 Jahren schrieb er für die Mitglieder unseres Verbandes eine Broschüre nach der anderen. Fast blind – aber immer noch im Einsatz. Dr. Krüger war tiefgläubiger evangelischer Christ. Wenige Wochen vor seinem Tod besuchte ich ihn in seinem Haus in Herrenberg. „Joachim, ich habe keine Angst vor dem Tod. Im Gegenteil. Ich freue mich auf ihn wie auf einen guten Freund. Ich bin sicher, daß es in einer anderen Welt weitergeht und ich meine liebe Frau wiedersehen werde". Er war über 60 Jahre mit ihr verheiratet. Sie starb in seinen Armen. Seinen Doktor hatte er im Max-Planck-Institut gemacht. Physik. „Als Naturwissenschaftler glauben viele, daß die Welt ohne Gott wissenschaftlich zu erklären ist. Stimmt aber nicht. Die Grenzen unseres menschlichen Verstandes sind eng gezogen. Irgendwann stoßen wir auf unsere Grenzen und merken, daß da ein höheres Wesen seine Hand im Spiel haben muß. Gott."

Ich habe immer gehofft, daß Dr. Krüger 100 Jahre alt wird. Aber 98 – das ist schon ein gesegnetes Alter. Im Herbst schloß er für immer die Augen. Ein großartiger Mann. Er lebt weiter, hat nur die Adresse geändert.

Sie – ge – rist – ist – ein – Fa – schist

Konservativ gleich rechts , rechts gleich rechtsradikal, rechtsradikal gleich „Nazi“. Besonders schlimm christlich-konservativ. Wenn sonst bei den Linken auch kaum etwas funktioniert – die Faschismus-Keule ...... diese Platte spielt immer gut die bewährte Melodie. Auf etlichen Veranstaltungen habe ich es erlebt. „Sie-ge-rist-ist-ein-Fa-schist“.

Etliche Hotels in Deutschland verweigern uns deswegen Tagungsräume, haben uns auf der „schwarzen Liste“. Darunter auch die Hotelkette MARITIM.

Besonders zwei Ereignisse sind für die Faschismus-Arie verantwortlich.

1. 1995 setzte uns der damalige CDU-Innenminister Manfred Kanther in den Verfassungsschutz-Bericht. Dort stand, daß ich in Polen bei der deutschen Minderheit als Abgeordneter des litauischen Parlaments Hetzreden gegen die Polen gehalten habe.

Ich war aber nie in Polen, habe auch nie anti-polnische Hetzreden gehalten.

Die Sache war besonders verrückt, weil ich Jahre zuvor auf Bitten von Manfred Kanther seinem damaligen CDU-Landeschef Alfred Dregger als „Leihgabe“ Axel Springers beim hessischen Wahlkampf massive Hilfestellung gegeben hatte und sein eigener Sohn bei den Konservativen aktiv war.

Woher das „litauische Parlament“ stammte – ich weiß es nicht. Vermutlich, weil mein Vater aus Lettland stammt und ich in dem kleinen Balten-Staat politisch aktiv war.

Die falschen Angaben mußte Kanther streichen. Aber einmal im Verfassungsschutz-Bericht – immer im Verfassungsschutz-Bericht.

2. Reise der Konservativen nach Israel. Reiseleiter Pfarrer Pietrek und Heinrich Lummer, Ex-Bürgermeister von Berlin und Ehrenvorsitzender der Konservativen. Wir hatten schon etliche Reisen in dieses umkämpfte – aber wunderschöne – Land gemacht, in dem der Friede eine Illusion bleiben wird. Ich wollte mitfliegen, mußte aber wegen eines wichtigen Termins auf den nächsten Tag umbuchen. 25 Konservative in der LUFTHANSA-Maschine von Frankfurt nach Tel Aviv. Plötzlich über Lautsprecher: „Die Maschine muß aus diplomatischen Gründen in Istanbul zwischenlanden“. Der Pilot zu Heinrich Lummer: „Ihre Gruppe ist in Israel unerwünscht. Vor allem Joachim Siegerist.“ Heinrich Lummer: „Aber der ist doch gar nicht an Bord“.

Nutzte nichts. Wie Kriminelle mußten die Konservativen den Flieger in Istanbul verlassen. Die Nacht im Hotel, am nächsten Morgen um 6 Uhr Flieger zurück nach Frankfurt.

Ivan Denes war damals stellvertretender Vorsitzender der Konservativen, bekennender Jude. Nutzte nichts. Ivans wütende Proteste bei der israelischen Botschaft in Bonn blieben ohne Antwort.

Was war der Grund? Ich hatte einen international tätigen Funktionär aus dem Jüdischen Weltverband scharf kritisiert. Ein Ganove, der sich auf krumme Art und Weise bereichert hatte.

Wie paßt das zusammen – jüdisch und katholisch?

Eine Brücke in Zürich, die sich über die Limmat spannt. Straßenbahn, viel Autoverkehr. Schwanenmama spaziert mit drei Jungen auf der verkehrsreichen Straße. Ein Auto kann nicht schnell genug bremsen, ein Junges kommt unter die Räder. Schwanenmama breitet ihre großen, weißen Flügel wie einen Schutzmantel über ihren Nachwuchs aus. Ein anderes Fahrzeug bremst im letzten Moment. Da springt ein junger Mann auf die Straße, schnappt ohne Scheu den Schwan. Das stattliche Tier wehrt sich – doch der junge Mann hat es fest im Griff. Ich komme zu Hilfe, schnappe die zwei Jungen – und ab geht es wieder in den lebensrettenden Fluß.

„Komm, wir trinken einen Kaffee zusammen“ – schlage ich vor. Am Zürichsee gibt es Dutzende von kleinen, gemütlichen Cafés. „Aus Deutschland?“ – fragt mich der Schwanenretter. „Ja, aus Hamburg“. „Eigentlich wollte ich nicht mit Deutschen sprechen“ – sagt er. „Vorurteile?“ frage ich. „Ich bin Jude“ – sagt er. „Meine Eltern deutsche Juden. Auschwitz. Mehr muß ich wohl nicht sagen. Sie konnten mich als Baby zu einem Onkel in Zürich geben. Vater und Mutter habe ich nie wieder gesehen. Auch nicht meine drei älteren Geschwister. Auschwitz“.

Jahrgang 1947 bin ich. Alles andere als ein „Nazi“. Auch wenn die Linken mir das unterjubeln. Die übliche Totschlags-Methode. Konservativ gleich rechts, rechts gleich rechtsradikal, rechtsradikal „Nazi“.

„Du bist der erste Deutsche, mit dem ich spreche. Ohne Mama Schwan hätten wir uns vermutlich nie kennengelernt“.

Ich habe drei Tage in Zürich zu tun, bin verabredet mit Dr. Hans Buwert, eine Art Schatzmeister bei der damals üblichen Parteienfinanzierung. Die CDU bekam dort Geld, die CSU, FDP – aber auch die SPD. Helmut Schmidt – das vertraute mir Dr. Buwert an – bekam „reichlich Geld" für die SPD-Wahlkampfkasse. Dann kam der Parteienfinanzierungs-Skandal. Aber war das wirklich ein Skandal? Wohlhabende Deutsche gaben einem gemeinnützigen Verein Spenden, die dann an die gewünschte Partei weitergeleitet wurden. Der Umweg war verrückt. Direkt an die Partei – das wäre sauberer gewesen. Aber ist es anständiger, sich mit dreistelligen Millionenbeträgen aus der Steuerkasse zu bedienen?

Die Parteien haben sich den Staat zur Beute gemacht – und keiner ist da besser. Geht es ums Abzocken – dann herrscht Einigkeit von den Linken bis hin zur AfD.

Im Café trinken wir Cappuccino. Er erzählt von seinem Medizin-Studium – und daß er eigentlich lieber Musik studiert hätte. Aber der Onkel war dagegen.

Dann erzählt er von seinen Träumen. Im Schlaf sieht er seine Eltern in einem Viehwaggon. Die Mutter winkt ihm zu.

Sie ist Jüdin – aber sie macht ein Kreuzeszeichen. Hat das etwas zu bedeuten? Stefan, so heißt mein neugewonnener Freund, lernt im Schwimmbad des Zürich-Sees ein Mädchen kennen. Aus streng-katholischem Elternhaus. Stefan: „Für mich die große Liebe". Für seinen Onkel eine Katastrophe. Jüdisch und katholisch – wie paßt das zusammen? Der Vater des Mädchens ist entsetzt. „Wir stehen zu unserem katholischen Glauben. Ein Jude in der Familie: …. ausgeschlossen."

Stefan ist sogar bereit, katholisch zu werden. Doch die Freundin hält den Druck der Eltern nicht aus. Sie beendet die Freundschaft.

Stefan war das Herz wohl übervoll. Sonst hätte er dies alles nicht erzählt, schon gar keinem Deutschen.

Nach vier Wochen bekomme ich einen Brief aus Australien. Stefan schreibt „Ich will vergessen, ein neues Leben weit von der Heimat anfangen." Eine Adresse hat er nicht angegeben.

Im Sommer 2018 kommt ein Trauerbrief bei mir an. Absender: Die Freundin aus Zürich. Eine Todesanzeige für Stefan.

Der Text: Ich habe den besten Menschen verloren. Vergessen kann ich ihn nicht.

Im Oktober habe ich das Mädchen in Zürich besucht. „Stefan hat sich aufgehängt" – erfahre ich. Vorher hatte er der Freundin noch geschrieben: „Ein anderes Mädchen kann ich mir nicht vorstellen. Ich gehe zu meinen Eltern".

Corinna, die Freundin: „Ich hätte nicht auf meine Eltern hören sollen. Warum kann ein christlich erzogenes Mädchen nicht auch einen Juden heiraten?"

Die Rache am „Plünni“

Rrrrr, rrrr. Ein gräßliches Geräusch. Beim Zahnarzt. Anfang der Fünfziger in Kiel. Elektrischer Bohrer? Von wegen. Da gab es noch Fußantrieb. Wie bei einer Nähmaschine. Auch von Betäubung hielt der gute, alte Zahnarzt Dr. Jürgen Wolf nicht viel. 8 Jahre alt war ich – aber Dr. Wolf, der mein ängstliches Gesicht sah, munterte mich auf. „Du bist doch schon ein großer Mann. Da hat man keine Angst vor dem Bohrer“ – und ich log mit einem tapferen „Neeeiiiin“.

„Wer zuviel Süßes ißt – der bekommt kaputte Zähne“ – belehrte er mich,. Welches Kind ißt nicht gern Süßes? Salmiak-Pastillen. Zum Stern geformt auf den Handrücken geklebt und dann daran lecken. Oder Himbeerlutscher am Holzstiel. 2 Pfennig das Stück. Besonders hoch im Kurs der Kinder – Nappos. Mit Schokolade überzogene Vierecke aus einer süß-klebrigen Masse.

Auch Kandiszucker am Faden war begehrt. 10 Pfennig. Die wurden in einem großen Glas mit Deckel aufbewahrt. In der Drogerie.

Kandis am Faden. Dafür mußten wir 20 Pfennig zahlen. 20 Pfennig, das war viel für ein Kind. Aber wir hatten das Geld. Schrott gesammelt. In den Trümmerhäusern gab es davon reichlich. Ganz hoch im Kurs standen kupferne Waschbecken. 5 Mark das Stück!

Das war ein Batzen Geld für uns Kinder. Reden wir nicht lange darum herum. Es war natürlich Diebstahl. Sahen wir Kinder aber anders. Die Trümmerhäuser waren unsere Spielplätze, gehörten uns. Beim Schrotthändler immer das gleiche Spiel: „Woher habt Ihr das Waschbecken?“ Antwort „Aus dem Keller von unserem Opa“. Das ging aber nicht allzu oft gut. Irgendwann sagte der „Plünni“: „So viele Opas, wie ihr habt, gibt es in der ganzen Stadt nicht. Einen Arsch voll könnt ihr haben – aber keine 5 Mark“. Dann nahm uns der Mistkerl das Waschbecken ab und jagte uns davon. Wütend schworen wir Rache. Der Plünnhändler hatte seine hölzerne Bude von einem drei Meter hohen Zaun umgeben. Am Abend kletterten wir darüber und warfen ihm mit Schrott die einzige Fensterscheibe der Bude ein.

Problem: Wir konnten uns bei ihm nicht mehr sehen lassen, keine Geschäfte mehr mit den geklauten Waschbecken machen.

Aber unser Geschäftsmodell war ohnehin nur von kurzer Dauer. Mehr und mehr Trümmerhäuser wichen modernen Neubauten. Wir bedauerten das sehr. 1. Trümmerhäuser waren für uns die spannendsten Spielplätze der Welt. 2. Keine Trümmerhäuser, keine kupfernen Waschbecken mehr.

„Die Stadt wird immer blöder“ – fanden wir Kinder. Wir trauerten unseren Spielplätzen nach.

Übrigens: Mein guter Dr. Wolf wurde fast 103 Jahre. Auf seinem Grabstein in Kiel sind ein Bohrer abgebildet und Zahnarzt-Bestecke.

Was ist mit der AfD?

Thema AfD. Fällt mir schwer, dazu etwas zu sagen. Aber viele Anhänger der Konservativen warten darauf. Zunächst ganz offen: Trotz allem bin ich CDU-Wähler. Doch ich bin froh, daß die Ära Merkel am Ende des Jahres vorbei ist. Die Frau hat aus der Partei die sozialdemokratische Regierung gemacht. Ihre radikale Wende in der Energiepolitik war falsch, die Abschaffung der Wehrpflicht war falsch und das Thema „Schleusen geöffnet für muslemische Flüchtlinge“ ...... das reicht eigentlich. Bei früheren Links-Eskapaden konnte man sich immer noch mit der CSU trösten.

Eine Hoffnung ist geblieben. Vielleicht gewinnt Friedrich Merz ja doch das Rennen um den Parteivorsitz. Bei Drucklegung dieses Buches war das noch offen. Kurz bevor unser Freund und Förderer, Prinz Wittgenstein, starb – da traf er sich in seinem Hamburger Haus mit Friedrich Merz. Da zeigte der einstige CDU-Fraktionschef noch wenig Lust. Aber das ist Jahre her. Ein Glück, daß er seine Meinung geändert hat.

Zum Thema. Vorab: Es ist völlig normal, daß eine Demokratie ein Parteienspektrum von Links bis Rechts hat. Probleme damit gibt es nur bei uns in Deutschland. 12 Jahre Adolf ...... Böse sind nur die Rechten. In diesem Jahr gab es in der ehemaligen „DDR“ etliche Gewalttaten muslemischer Männer gegen Deutsche. Sogar Tote. Als die „Rechten“ demonstrierten, fiel die vereinigte Medien-Mafia über die „bösen Rechten“ her. Auf die Anklagebank kamen nicht die Täter. Das ist schon politisch-pervers. Vom Opfer kaum ein Wort.

Auch wenn die AfD nicht zu den Demos aufgerufen hatte ...... sie kam gleich mit in den großen Suppentopf der linken Brunnenvergifter. Ich habe in der AfD gute und zuverlässige Freunde. Nicht einer davon rechtsradikal. Ronald Gläser zum Beispiel. Er ist Sprecher der Berliner AfD und stellvertretender Fraktionsvorsitzender. Er war zuvor einer der zuverlässigsten und anständigsten Mitarbeiter unseres DEUTSCHLAND-Magazins. Gebildet, charakterstark und menschlich ganz einfach ein feiner Kerl. Früher gehörte er der FDP an, fühlte sich dem konservativen Flügel der Liberalen zugehörig.

Ronald hofft, daß die CDU zur Vernunft kommt und irgendwann mit der AfD koaliert. Die CDU ist doch „balla, balla", daß sie offen über ein Zusammengehen mit der LINKS-Partei lamentiert – aber ein Zusammengehen mit der AfD ausschließt.

Im Abgeordnetenhaus der Hauptstadt haben CDU, FDP und AfD schon mehrmals gemeinsam abgestimmt. Ein Ablösen des durch und durch linken Berliner Senats wäre rein rechnerisch möglich. In der CDU-Fraktion gibt es bei manch einem Abgeordneten klare Sympathien für die AfD. Das ist aber auch alles.

Der politische Tod – er wäre jedem CDUler sicher, der offen ein Zusammengehen mit der AfD fordert.

Ich bin klar für eine Annäherung der CDU an die AfD. Aber auch das muß ich sagen: Mich stören bei der AfD folgende Dinge:

1. Eine unkritische Einstellung zum einstigen KGB-Mann Putin.

2. Oft krasses Ablehnen der atlantischen Freundschaft und zugleich Sympathien für den politisch bekloppten Trump, der auch menschlich alles andere als akzeptabel ist.

3. Wie geht man in einer Partei miteinander um? Auch da hat die AfD noch einiges zu lernen.

Konrad Adenauer wäre vermutlich kein Gegner der AfD. Die DP war eine seiner stärksten Stützen im Bundestag. Ohne die DP wäre er kein Bundeskanzler geworden.

Zigeuner – na und?

Ele mele, mopel – wer frißt Popel? Süß und saftig, eine Mark und achtzig. Eine Mark und zehn – und du kannst geh'n. Kinderreim der Fünfziger vor dem Versteck-Spielen. Da gab es noch derbere Sprüche. Politische Korrektheit? Noch nicht angesagt. Beispiel: „Hinter einer Bude saß ein kleiner Jude. Hat den Kopf voll Läuse, mima Mäuse". Einfach so dahingeplappert. Keine Hintergedanken oder Antisemitismus. Auch der Bundeskanzler bekam sein Fett weg. „Hinter einer Lokusmauer sitzt der Doktor Adenauer – und schreit nach Papier." Zum Schluß immer „Ele mele Eckstein – alles muß versteckt sein – hinter mich und vorder mich das gib' das nich. Eins, zwei, drei, ich komme."

Steinstraße im vom Krieg zerbombten Kiel. Noch intakte Luftschutzkeller. Dunkel und unheimlich für uns Kinder. Ingrid Jansen war 15 – ich 9. Ich wußte, daß sie bei Dunkelheit in Panik geraten konnte. Ich schlechter Groschen nutzte das schamlos aus. Wir hatten uns in einer dunklen Ecke im Keller der Steinstraße 15 versteckt. „Hier gibt es Gespenster und Mörder" raunte ich Ingrid Jansen zu. „Hör auf damit" – bat sie mich. Eine Einladung zum Weitermachen.

„Still – ich hör was. Da schleicht sich einer ran" flüsterte ich. Dann packte ich Ingrid Jansen mit dem schrillen Schrei „Er hat mich. Hilfe!"

Ingrid Jansen schrie noch lauter, galoppierte los wie ein Rennpferd. Auf der Straße wurde es sichtbar. Sie hatte in die Hosen gepinkelt. Die Kinder lachten. Ich stand aber da mit schlechtem Gewissen – mein „Spaß" war kein Spaß mehr. Die Angst vor dunklen Kellern saß tief in dem Mädchen. Bei einem Bombenangriff auf Kiel war Ingrid für acht Stunden in einem zusammengebrochenen Keller verschüttet worden. Seitdem saß die Panik vor dunklen Kellern tief in ihr.

Ingrid Jansen liebte Negerküsse über alles. Negerküsse. Auch bei diesem Wort dachte sich keiner von uns etwas. Schaumküsse? Keiner kam auf solch sprachliche Verrenkungen. Negerküsse waren Negerküsse, Zigeuner Zigeuner und nicht Romas oder Sintis.

Ich habe seit rund 20 Jahren einen rumänischen Patensohn. Christian. Ein Zigeunerjunge aus dem Waisenhaus. „Ich bin Zigeuner" – sagt er stolz und findet das völlig normal. Ich stand wegen Volksverhetzung vor Gericht. Ich hatte mich zu deftig über Zigeunerfrauen ausgelassen, die ihre Kinder zum Betteln auf die Straße schicken. Die Strafe war deftig. 1 ½ Jahre Gefängnis auf Bewährung und 20.000 Mark Geldstrafe. Christian vor dem Richter: „So einen Volksverhetzer hätte ich gern als Vater. Er war der Einzige, der uns Kindern im Waisenhaus geholfen hat." Besser, wenn ich das Kapitel hier abschließe.

Der König kniet im Staub

„Die Deutschen wissen nicht, was gut ist“ – sagt Chamoo, der „Pate“ des Opium-Dörfleins im Goldenen Dreieck von Thailand. Dort, wo noch heute roter Mohn angebaut wird, der in etlichen Urwald-Labors zu Heroin „veredelt“ und über Rot-China in die westliche Welt geschmuggelt wird. Für die noch steinzeitlich lebenden Bergbewohner ist das Rauchen einer Opiumpfeife so wenig „unmoralisch“ wie für uns das Lutschen von Pfefferminzbonbons. Haben die Kinder durch Mangelernährung Magen- oder Darmprobleme ...... Opium. Schlaf-Probleme? Opium.

Der inzwischen verstorbene König Bhumiphol versuchte, die Bergbauern vom Opium-Anbau wegzubekommen. Durch Unterricht über moderne Landwirtschaft und die Zucht von Fischen in riesigen Bassins, die er mitten in den Bergen bauen ließ.

Der Erfolg? Eher bescheiden. Seit Jahrhunderten Opium – auch in der Zukunft Opium. Der König hatte mich eingeladen, ihn ins Goldene Dreieck zu begleiten. Ich schrieb damals für die HÖRZU – und der Monarch wollte den Menschen ein anderes Thailand zeigen. Weg von den billigen Klischee-Vorstellungen des Nachtlebens von Bangkok. Ein Gespür dafür – ist es nur Show oder ernst gemeint – das hatte ich. Die königliche Familie lebt alles andere als in Armut ...... doch der König und seine Tochter – die hatten wirklich ein Herz für die Thais, die nicht auf der Sonnenseite des Lebens stehen.

Der König kniete im Staub – und um ihn herum Dutzende von Dorfbewohnern, die den Monarchen nur mit „Papa“ anredeten – Zeichen großer Zuneigung. Bhumiphol: „Ihr müßt nicht hungern und Opium rauchen, wenn ihr etwas von Landwirtschaft wißt.“ Der Monarch machte keine großen Worte. Als er mit seiner Leibgarde in weißen Hubschraubern wieder nach Bangkok flog, nahm er gleich sieben junge Bergbauern mit. Auf dem Gelände des königlichen Palastes in Bangkok hatte er „Lehr-Felder“ anlegen lassen, auf denen fachkundige Lehrer den Bergbauern den Anbau von Süßkartoffeln und Mais beibrachten. Drei Monate Lehrzeit. Dann wieder zurück ins Bergbauern-Dorf. Doch der Anbau von Mohn ist einfacher und nicht so mühsam. Auch wenn es nur ein Hungerlohn ist, den die Dorfbewohner bekommen – es ist schneller Gewinn.

Mit Uwe Hempen, meinem guten Freund, der als Fotograf für die HÖRZU arbeitete, war ich noch einen Tag im Dorf geblieben. Chamoo lud uns in sein Haus ein. Gebaut aus Bambus und Palmblättern, steht auf drei Meter hohen Palmstämmen. Ein Raum. Für den steinernen Ofen kein Abzug.

Da saßen wir nun auf der Terrasse von Chamoos Haus. Zu einem Drink lud er uns ein. Ich ahnte schon Böses. Chamoo griff eine vor Schmutz undurchsichtig gewordene Flasche. Mit dem Daumen reinigte er für seine zwei Gäste die Gläser und füllte sie randvoll mit einem blubbrigen Gesöff. „Wir krepieren elendig, wenn wir das saufen müssen“, raunte ich Uwe zu. Er war blaß im Gesicht.

Bevor wir trinken mußten, ein günstiger Moment. Ein anderer Dorfbewohner war gekommen, brauchte Chamoos Rat für die Schweinezucht. Wie auf Kommando kippten Uwe und ich die schmierige Pampe durch die Fußbodenritzen. Das wäre auch nicht aufgefallen ...... wenn. Ja – wenn da unten nicht eine dicke, fette Hängebauchsau mit ihren Jungen gelegen hätte. Die bekam alles auf ihre fetten, schwarzen Speckschwarten und kam wütend grunzend aus ihrer Erdkuhle hervor und glotzte böse zu uns herauf. Chamoo sah die Schnaps-Flecken auf der Sau. Er schüttelte mit dem Kopf, sagte unserem Dolmetscher: „Die Deutschen wissen nicht, was gut ist“.

Jahre später fuhr ich noch einmal in das Dorf. Doi Angh Khan. Statt der Bergbauern ein Touristen-Zentrum. Die Mohnbauern von einst: Fremdenführer, Hotel-Personal und Elefanten-Führer. Auf den Dickhäutern ritten Touristen durch den Urwald.

Opium? Es sind weniger Mohnfelder als früher. Aber totaler Verzicht auf das gefährliche Rauschgift? Von wegen. Und Chamoo? Er hat inzwischen das für die Bergbauern fast biblische Alter von 63 Jahren erreicht. An manchen Tagen – da gönnt er sich nach wie vor sein Pfeifchen. „Das kann doch nicht schaden“ – sagt er – „sonst wäre ich doch nicht so alt geworden“.

Wie ist das mit der Erderwärmung?

Auf meinem Balkon wachsen Zitronen. Fünf dicke, gelbe Zitronen voller Saft habe ich im heißen Sommer 2018 geerntet. Und selbst jetzt in der Wohnung reifen schon wieder 8 weitere Zitronen an dem kleinen Bäumchen, 95 Zentimeter hoch in einem großen Blumenkübel. Zitronenbäume in Deutschland. Klima-Eiferer werden sagen „Erderwärmung, die schlimmen Diesel-Fahrzeuge." Kaum haben wir einen warmen Sommer – da geht sie wieder los, die alte Platte von der „Erderwärmung", die wir Menschen verschulden und um 2 Grad drücken sollten. Der Mensch als Wettermacher. Ich wundere mich täglich darüber, daß so viele Landsleute an den Quatsch vom Klimamacher Mensch glauben. Über die Schädlichkeit von zu vielen Abgasen müssen wir nicht diskutieren. Wer möchte schon am Rande einer Autobahn wohnen? Aber wenn ich an die Fünfziger denke – Ruhrgebiet, Kohleöfen, ungefilterte Abgase aus Kohlekraftwerken. Dagegen leben wir heute doch fast in Luftkurorten. Bis rein in die Sechziger – meine Mutter konnte auf dem Hof unseres Häuschens in Bremen-Oslebshausen kaum Wäsche aufhängen.

Aus dem Schornstein des in der Nähe gelegenen Kraftwerkes kamen dicke Rußflocken – und die Fischmehlfabrik Hermann Feuss sorgte für den passenden Geruch, ein Bahndamm hinter dem Haus mit Rangierarbeiten für Begleitmusik.

Heute? Verkehr auf dem Bahndamm eingestellt. Hermann Feuss stinkt nicht mehr – und aus den Schornsteinen des Kraftwerkes nur noch Wasserdampf.

Aber große Teile der Nation jammern über die Erderwärmung. Ich freue mich über den Sommer 2018. Es stimmt ja auch nicht, daß dies seit Jahrzehnten der erste heiße

Sommer ist. Logisch, es gab auch verregnete Sommer, und Rudi Carell sang „Wann wird es endlich wieder Sommer?“. Wir sehnten uns nach Sonnenschein. 2018 hatten wir den reichlich. Aber auch das paßte wieder nicht.

In meiner Kinderzeit waren die Sommer fast immer heiß. Die Asphaltstraßen bekamen Blasen – und der Winter zauberte Eisblumen an die Wohnungsfenster. 30 Grad plus (und mehr) im Juli/August und 10 Grad Minus im Januar – das war völlig normal.

Und denken wir nur daran, wie die Autos damals qualmten. Wann sehen wir heute ein Fahrzeug mit schwarzen Dämpfen aus dem Auspuff?

Klima-Katastrophe? Kalte und nasse Sommer waren für uns Menschlein immer schlimm – Völkerwanderung und Hunger die Folge. Im warmen Klima blühten Hochkulturen der Menschen auf. Mir soll keiner mit durch Klimawandel verursachter Not in Afrika kommen. Afrika könnte ein wohlhabender Kontinent sein. Wenn ...... ja, wenn es dort nicht eine zum Himmel stinkende Korruption gäbe. Auch die Bewässerung der trockenen Felder ist möglich. Aber ich habe es selber mehr als einmal erlebt, daß die Bevölkerung durch Hilfsorganisationen teuer gebohrte Brunnen versanden ließ. Folge: Völkerwanderung überwiegend nach Europa. Offenbar können wir Menschen nicht einmal die nicht gottgegebene Not eines ganzen Kontinents verhindern. Aber das Klima um 2 Grad senken – das sollen wir können?

Ich will zu Alfred

Ja – er fiel mir so richtig auf den Wecker. Ein Nachbar in dem Hamburger Hochhaus Mundsburg, wo ich 10 Jahre in der 25. Etage (insgesamt 29 Stockwerke) wohnte. Wann immer er mich erwischte – ständig diese Themen: Willy Brandt, Ausländer, die richtige Geldanlage, Zigeuner, „kommunistischer" DGB und Karl Marx. Inhaltlich war er oft im Recht – aber ich hatte einfach keine Lust, immer wieder über diese Themen mit ihm zu reden. Er ereiferte sich bei seinen Attacken derart, daß er im Gesicht rot anlief. Seine Aussprache war so sprühend feucht, daß ich gut einen Regenschirm gebraucht hätte. Außer Politik: Aktiver Sportler. 82 Jahre – aber täglich einmal rund 8 Kilometer um die Alster. Goldenes Sportabzeichen. Über 80 – aber fit wie ein Turnschuh. Eine großartige Frau hatte der Feuerkopf, still und geduldig. Nur manchmal unterbrach sie seinen Redefluß, sagte mit leiser Stimme „Aber das weiß der Herr Siegerist doch schon, Alfred". Alfred wurde 91 Jahre alt. Herzstillstand auf dem Laufband im Sportklub.

Florence (74), seine Frau, konnte den Tod ihres Mannes, mit dem sie über 50 Jahre verheiratet war, nicht überwinden. Manchmal traf ich sie im Fahrstuhl, lud sie zu einem Tee in meine Wohnung ein. Dann erzählte sie mir, daß sie mit Alfred fast die ganze Welt bereist hatte. Brasilien – Notlandung mit einem Uralt-Flugzeug am Rande des Regenwaldes. 5 Tage – erst dann kam Hilfe. Am schlimmsten waren die am Körper sitzenden Blutegel. Mehr als 20. Abreißen durfte man sie nicht. Das hätte bei tropischer Hitze mit Sicherheit böse Entzündungen gegeben. Hatten sich die ekelhaften Biester mit Blut vollgesaugt – dann fielen sie von allein ab. In Namibia machte ein Nashorn Jagd auf ihren Jeep und rammte das Auto, daß es beinahe umgekippt wäre. Aber auch das ging gut aus. Nach einigen

Minuten stampfte das „Panzer-Tier“ davon. In Thailand wurden sie mit ihrem Leihauto von Straßen-Banditen gestoppt und ausgeraubt. Da standen sie im Norden des Landes in der Nähe von Chiang Rei auf der Landstraße. Lediglich die Pässe hatten die Banditen ihnen gelassen. Nordpol, Antarktis, Südafrika, Australien und Neuseeland. Er verdiente als Diplom-Informatiker gut, konnte sich die Reisen erlauben.

Alfred hätte wirklich etwas zu erzählen gehabt – nicht nur Willy Brandt und so weiter. Ich habe selten Eheleute getroffen, die so unterschiedlich im Wesen waren. Er war ein richtiger Boller-Baller, Florence eine zurückhaltende, feine Frau. Große Liebe für beide. Nach dem Tod des Mannes zog sie sich mehr und mehr zurück. Meine Einladungen nahm Florence nur noch selten an, irgendwann überhaupt nicht mehr. Drei Jahre später – ich wohnte nicht mehr in dem Hochhaus – traf ich einen anderen Bewohner aus der Mundsburg. Von ihm erfuhr ich, daß sie aus der 14. Etage ihrer Wohnung in den Tod gesprungen ist. Für einen Neffen hatte sie die Nachricht hinterlassen „Ich will zu Alfred“.

Eine prima Mannschaft

Spricht Timo von seinen Eltern, dann sagt er „Vadder" und „Mudder". Timo ist durch und durch Hamburger. Da gibt es eben „Vadder" und „Mudder", Schiet-Wedder – und er hat auch einen „Vedder". Am liebsten ißt er Nudeln. Hoffentlich macht ihn das nicht „fedder". Timo ist 31 Jahre alt, arbeitet seit 7 Jahren in unserem Büro, ist verantwortlich für die Buchhaltung und obendrein für die Versand-Maschinen. Gelernter Informations-Elektroniker – einfach gesagt: Er ist dafür verantwortlich, daß bei uns Monat für Monat Hunderttausende von Briefen, Päckchen und Paketen reibungslos verschickt werden können. Dann für die Fahrzeuge, dafür, dafür, dafür. Timos Hauptkennzeichen: Fast immer während der Arbeit singt oder summt er selbsterdachte Melodien.

Die Mitarbeiter im Büro sind ein echter Glückstreffer. Auch Timo. Er kam als Mechaniker einer Auftragsfirma in unser Büro – zur regelmäßigen Wartung der Maschinen. Mit großen Augen sah er unsere Informationsbriefe, Broschüren, Nationalhymnen-CD. Ich gab ihm einiges davon mit auf den Weg. Nun kam Timo auch „außerfahrplanmäßig" zu uns, bot seine Mitarbeit an. Erst nur „so nebenbei". Irgendwann bot ich Timo eine feste Anstellung an. Bedingung: Er mußte nach Feierabend Kurse in Buchhaltung belegen. Das machte er gerne und gut.

Inzwischen ist Timo in unserem kleinen 5-Personen-Büro so etwas wie eine tragende Säule geworden. Offiziell haben wir Arbeitszeiten von 9 Uhr bis 18 Uhr. Wochenende frei. Aber Timo steht schon jeden Morgen gegen 7 Uhr „auf der Matte". „Dann habe ich Ruhe und Zeit genug für die Buchhaltung". Und es vergeht kaum ein Sonnabend, an dem Timo nicht auch noch kurz ins Büro kommt, um nach Faxen und E-mails zu sehen.

Unsere kleine Büro-Mannschaft ist wie eine Familie. Da wird nicht nur über geschäftliche Dinge gesprochen. Auch reichlich über private Dinge. Timo hat reichlich Kummer mit seinem Bruder. Das Gegenteil von ihm selbst. Bruder Leichtfuß, bei dem das Geld locker sitzt. Hat er keines – dann macht er Schulden. Bestellungen bei Versandfirmen. Die Rechnungen landen im Papierkorb. Irgendwann summierte sich das auf über 20.000 (!) Euro. Schule abgebrochen. Alkohol, Rauschmittel. Timo bemüht sich immer wieder, ihn da rauszuholen. Im Moment geht es gut. Er macht eine Lehre in einer Tankstelle, wohnt in einer „betreuten" Wohnung. Seit drei Monaten keine schlechten Meldungen. Aber Timo ist skeptisch. „Das ist ein ewiges Auf und Ab. Ich trau dem Frieden erst, wenn er seine Lehre beendet hat."

Politisches Büro, konservative Hochburg? Ein wenig wohl auch so eine Art Sorgenbüro. Lassen Sie mich das einmal so offen sagen: Irgendwie sind wir schon eine prima Mannschaft – die Konservativen.

Auch das nennt sich Alters-Armut

Alters-Armut. Ein Schreckenswort. Das ganze Leben gearbeitet – und in der letzten Lebensphase mit mickriger Rente auf soziale Hilfe angewiesen. Essen bei der „Tafel", Mietzuschuß vom Sozialamt. Das ist bitter.

Ich kenne aber auch andere Armutsfälle. Frühere Kollegen zum Beispiel. Gut verdient, flott gelebt. Für immer jung. Dicke Autos, große Wohnung oder Haus auf Kredit – keinen Cent fürs Alter.

Ein Beispiel nur: Leitende Stellung als Journalist im Axel-Springer-Verlag. Kinder wollte er keine haben – „kosten zu viel Geld". Vorsorge fürs Alter? „Ich will jetzt leben. Planen läßt sich das Leben sowieso nicht." Drei Ehen.

Restaurant- und Barbesuche vom Feinsten – und in ferne Länder fliegen. Natürlich nicht „Holzklasse" (Economy), sondern First-Class. So lange das Geld vom Verlag floß – kein Problem. Mit 55 kündigte er die feste Anstellung von sich aus auf, machte einen Vertrag als freier Mitarbeiter – freute sich „Dabei kommt mehr raus". Kam auch. Nur – er zahlte keine Rentenbeiträge mehr. Und dann war sie da – die 65. Junge Journalisten drängten nach. Vertragsverlängerung? Nein.

1.800 Euro Rente. Gut. Eigentlich. Nicht für meinen Kollegen. Allein die Miete für die Wohnung in bester Lage – 2.300 Euro. Kontostand knapp 8.000 Euro. Er pumpte ehemalige Kollegen an. Keiner gab ihm Geld. Zu mir kam er erst gar nicht. Ich hatte ihn jahrelang mit meinen Vorsorge-Ermahnungen genervt. Ich will es kurz machen: Mein Kollege kam an den Suff. Er versetzte seine antiken Möbel, das Silber, Kristall-Leuchter. Doch der Schuldenberg wuchs trotzdem. Vor einigen Jahren traf ich ihn auf dem Hamburger Jungfernstieg. Direkt vor einem Kaufhaus. Da saß er mit einer Bettelschale aus Blech. In der Hand ein Schild mit der Aufschrift „Unverschuldet in Alters-Armut". Ich wollte ihn nicht in Verlegenheit bringen, tat so, als habe ich ihn nicht gesehen. Aber er sah mich und rief „Joachim". Gewiß – er allein trug die Schuld an seinem elend gewordenen Dasein. Trotzdem. Ich hatte Mitleid, gab ihm 100 Euro. Ein leises „Danke" – dann trennten sich unsere Wege. Zwei Jahre später eine kurze Notiz im Hamburger Abendblatt. Er war gestorben. Unter einer Alsterbrücke.

Ein Pracht-Exemplar: Der Hecht

Ich war enttäuscht. Volle drei Stunden die Angel im Wasser – und immer noch kein Fisch. Sommer 2018 auf dem alten Familiengrundstück in Lettland. Da fließt das Flüßchen Svitene. Eigentlich gibt es da viele Fische. Aber ich hatte wohl einen Pechtag. Ich befestigte die Angelrute am Ufer, um mir im Haus das Abendbrot zuzubereiten. „Joachim, Joachim“ rief vom Fluß her aufgeregt Janis. „Ein dicker Fisch an der Angel. Ein Hecht. Großes Kaliber“. Langsam zog ich die Angel ein – und tatsächlich – das war ein Prachtexemplar. So an die 50 Zentimeter groß und ein gutes Gewicht. Ich angle zwar gern. Den zappelnden Fisch abnehmen vom Haken – das muß Janis machen. „Das ist einer der größten Hechte, die wir hier gefangen haben“ ...... freute er sich.

Dabei strahlte er über das ganze Gesicht. Frisch gegrillter Hecht – das ist eine feine Sache.

Zu zweit verdrückten wir den Fisch. Als ich die Gräten in den Abfalleimer warf – da sah ich eine Quittung. Von einem Fischladen in der nahegelegenen Kreisstadt Jelgava. „Lidakas“ stand darauf. Das lettische Wort für Hecht. Ich sagte nichts, wollte Janis nicht die Freude rauben.

Einige Wochen später rückte er selber damit raus. „Joachim, ich hatte den von dir gefangenen Hecht gekauft, und als du im Haus warst – eins, zwei, drei hatte ich ihn an der Angel. Ich lachte und sagte: „Janis – und ich habe nichts gemerkt, war sicher, an dem Tag ein erfolgreicher Angler gewesen zu sein.“

Manchmal sind kleine Lügen vielleicht doch erlaubt.

Da weinte Fine wie ein Kind

Fine ist Lokusfrau. Lokusfrau in einem großen Hamburger Kaufhaus. Fine hat Abitur. In der Schule gehörte sie zu den Besten. Aber trotzdem ist Fine „nur“ Lokusfrau geworden. Und das kam so: In Fines Nachbarschaft wohnte eine Klassenkameradin, die ihr Studium in dem Kaufhaus als Ersatz-Lokusfrau finanzierte. In den Semesterferien ganztags. Als sie eine schwere Grippe bekam, bat sie Fine „Kannst Du mich vertreten?“ Fine sagte „Ja“ – und sie vereinbarten pro Tag 50 Mark. Das war viel für Fine. Schlußverkauf im Kaufhaus. Voll mit Menschen – und bei nicht vielen führte der Weg früher oder später zu Fine. Am Abend Kassensturz. Mehr als 600 Mark. Die Männer waren ein wenig großzügiger bei Fine. Fine war eine dunkelhäutige Schönheit. „Besatzungs-Kind“. Papa, ein farbiger US-Soldat, hatte Fines Mama sitzen lassen. Auch Fines Ehe ging in die Brüche. Da saß Fine nun mit drei Kindern. Wie bei fast allen Eltern – in Fines Kopf der Gedanke „Meine Kinder sollen es einmal besser haben als ich“.

Auch Fines Kinder waren klug in der Schule. Musterschüler wie die Mama. Zwei Mädchen, ein Junge. Komisch wie die Natur manchmal spielt. Die beiden Mädchen waren total dunkel, der Junge strohblond.

Sohnemann will Arzt werden, ein Mädchen Lehrerin, die andere Grafikerin. Studium. Aber wer soll das bezahlen? Papa zahlt nicht, und Fine? Woher soll sie Geld haben, um auch nur ein einziges Studium finanzieren zu können?

Der Job als Ersatz-Lokusfrau kam Fine gerade recht. 50 Mark am Tag – wie gerufen. Sie war auch nicht neidisch, daß sie von rund 600 Mark Einnahmen pro Tag nur einen Bruchteil bekam. Geplant war der Aushilfs-Job für gute zwei Wochen. Aber die Grippe bei Fines Klassenkameradin entwickelte sich zur schweren Lungenentzündung. Die junge Frau bekam extremes Fieber, und die Antibiotika der Ärzte wirkten nicht. Sie starb.

Der Personalchef des Kaufhauses bat Fine: „Bleiben Sie bei uns“. Nun hat das Kaufhaus eine Lokusfrau mit Abitur. Fine finanziert mit Leichtigkeit die Studienplätze der Kinder – und weniger als 400 Euro hat sie nie beim abendlichen Kassensturz.

Langweilige Arbeit? Von wegen. Fine hat schon die abenteuerlichsten Dinge erlebt. Ein Araber ließ eine dicke Brieftasche auf dem Klosett liegen. Prall gefüllt mit Euro-Scheinen und einem Brillant-Ring. Nicht schön – aber teuer. Erst als er im Kaufhaus eine Rechnung zahlen wollte – da bemerkte er den Verlust. Strahlend gab ihm Fine die „Mäuse“ zurück, die sie sicherheitshalber in ihrem Putzschrank unter drei Lokusbürsten versteckt hatte. Empört war Fine, als ein älterer, fein aussehender Herr mit seiner jungen, aufgetakelten Begleiterin im Damen-Klosett verschwand. Fine klopfte an die Tür und rief „Raus da, sonst ruf ich die Polizei.“

Dann war da noch ein Mädchen mit dem traurigen Gesicht. Als sie nach 5 Minuten immer noch nicht die Toilettentür von innen geöffnet hatte, schloß Fine sie auf. Da saß das junge Mädel auf dem Klosett – mit aufgeschnittenen Pulsadern. Fine drückte die Venen zu, rief einen Notarzt. Später besuchte sie sogar das Mädchen im Krankenhaus. Liebeskummer. Das war typisch für Fine – wann immer ein Mensch in Not geriet oder ganz einfach nur jemanden brauchte, der zuhört – Fine war immer da.

Muß Fine eigentlich ihre Tageseinnahmen versteuern? Darüber haben wir nie gesprochen. Ich will es auch gar nicht wissen. Fine bringt das Geld jedenfalls zur Bank, zahlt es auf ihr Konto ein.

Fine ist ein lustiges Ding. Sie lacht, verbreitet gute Laune. Nur einmal erlebte ich Fine traurig. Fines Sohn verliebte sich in eine Hamburger Kaufmanns-Tochter. Schwerreiche Familie. Die Eltern des Mädchens wollten die Mutter des Jungen kennenlernen. Der Sohn sage „Nein“. Und zur Mutter: „Mama, das geht nicht. Soll ich sagen, daß Du Lokusfrau bist, wenn sie nach dem Beruf fragen?“

Fine erzählte es mir. Und dabei weinte sie wie ein kleines Mädchen.

Heini ist doof

Schäbiger wurde ein Staatsoberhaupt und anständiger Mann nie in Deutschland behandelt. Heinrich Lübke – von 1959 bis 1969 zweiter Bundespräsident der Bundesrepublik Deutschland.

Heinrich Hellwege, Vorsitzender der konservativen DP (Deutsche Partei), war gegen Lübke. Aus seiner Sicht hatte er dafür Gründe. Kanzler Adenauer versicherte Hellwege in einem Vier-Augen-Gespräch „Der grüne Heinrich wird auf gar keinen Fall neuer Bundespräsident". Nur eine knappe Stunde nach dem Gespräch lief die Meldung durch alle Rundfunksender „Der Bundeskanzler hat sich für Heinrich Lübke bekannt". Der Alte aus Rhöndorf war manchmal auch mit der Wahrheit nicht so „pingelig".

Doch das war noch harmlos. Heinrich Lübke verlor bei den Nazis seinen Job bei der Siedlungsgesellschaft Bauernland, wurde zu Unecht wegen „Korruption" angeklagt, kam 20 Monate in Untersuchungshaft. Das hinderte STERN und SPIEGEL nicht daran, eine von der „DDR" inszenierte Kampagne zu entfachen. Motto: Heinrich Lübke war im Dritten Reich KZ-Baumeister. „Beweise" lieferte bereitwillig Ulbrichts Staatssicherheit – „Original-Unterschrift" von Heinrich Lübke eingeschlossen.

Als diese Kampagne nicht verfing – neue Richtung: Lächerlich machen. Heinrich Lübke litt in der zweiten Amtszeit zunehmend an einer Gehirnerkrankung. In allen Kneipen des Landes dudelte der Schlager „Heini ist doof". Das Lied hatte Heinrich Timm komponiert – um sich selber auf den Arm zu nehmen. Die Linken machten es zum Spottlied gegen Heinrich Lübke. In den Parteien stellte sich niemand schützend vor Heinrich Lübke. Der schlohweiße Herr wurde verspottet als reines Anhängsel seiner klugen

Frau Wilhelmine. „Heinrich steh auf, Du mußt wieder den Gruß-Onkel spielen." Dabei war der einstige Ministerpräsident von Schleswig-Holstein ein erfolgreicher Bundespräsident. Er begriff schon damals, daß es früher oder später zu einer Völkerwanderung kommen würde, wenn das Leben der Menschen in der „Dritten Welt" nicht verbessert wird. Heinrich Lübke wurde zum großen Vorreiter der Entwicklungshilfe – nach dem Motto „Hilfe zur Selbsthilfe".

Der zum Gespött der Gasse degradierte Bundespräsident war alles andere als eine Lachnummer. Ich verabscheue Menschen, die wegen eines körperlichen Gebrechens verhöhnt werden. Ist das heute nicht mehr so? Mir kommt da Thilo Sarrazin in Erinnerung. Der in allen deutschen Medien hochgejubelte deutsch-türkische Journalist Deniz Yücel wörtlich: „Es ist eine Verplemperung unserer Fernsehgebühren, wenn man Sie als lispelnde, stotternde, zuckende Menschen-Karikatur ertragen muß." Selbst der wahrhaftig nicht zimperliche Jürgen Trittin von den Grünen bezeichnete die unanständigen Dreck-Würfe gegen Sarrazin, der einen Schlaganfall erlitten hatte, als „Schweine-Journalismus."

Nein – politische Kultur ...... da muß Deutschland noch einiges lernen. „Und willst Du nicht mein Bruder sein – so schlag ich Dir den Schädel ein." Die Deutschen Konservativen können ein Lied davon singen.

Ich mußte das Feld räumen

Um zwei Dinge beneidete ich meinen Schulfreund Peter Bartels.

1. Er hatte am 16. Dezember 1946 Geburtstag. Ich am 29. Januar 1947. Nur wenige Wochen Unterschied. Aber Peter konnte sich immer mit dem Satz brüsten „Ich bin ja ein Jahr älter als du."

2. Er hatte einen Vater. Ich nicht.

Obendrein war sein Vater, der nicht sein richtiger Vater war, auch noch Steward auf der BREMEN, die damals immer von Bremerhaven nach New York fuhr. Das konnte natürlich durch keinen anderen Beruf mit den Augen eines Kindes überboten werden.

Er brachte aus New York die ersten Jeans mit für Peter. Wie gern hätten wir die auch gehabt. Lederhosen waren angesagt und ganz normale Stoffhosen. Damals – es war 1958 – gab es noch viele Deutsche, die aus Prinzip alles ablehnten, was von den „US-Besatzern" kam. Man kann über eine Jeans streiten. Tatsache ist: Es gibt kaum eine Hose, die so praktisch und bequem zu tragen ist. Im Winter mit dicker Jacke, im Sommer mit Bluse oder Hemd. In die Oper mit Jeans? Ich würde es nicht machen. Aber zugegeben: Mit Schlips oder Fliege und schneeweißem Hemd – sieht gut aus.

Da fällt mir eine Geschichte ein. London, Mitte der Siebziger. Das vornehme Hotel RITZ am Picadilly im Zentrum der Stadt. Nur einmal wollte ich dort die berühmte „Tea-time" ausprobieren. Ich hatte mich fein herausgeputzt. Schwarze Jacke mit gold-glänzenden Knöpfen, ein prächtiges Einstecktuch aus dem Seidenhaus Jim

Thompson in Bangkok und eine dezente Kravatte, eine der wenigen, die ich besitze. Dunkelblau mit kleinen weiß-gelben Orchideen. Der große Saal war leer. Ich steuerte einen Tisch an, setzte mich und bat den wie ein Pinguin aussehenden Ober um die Karte. Vornehmer als er konnte keiner in die Welt blicken. Ein wenig Verachtung klang in seiner Stimme als er mir sagte „Tut mir leid, mein Herr. Aber alles ist schon reserviert.“ „Das kann gar nicht stimmen“, antwortete ich. „Es ist doch fast jeder Tisch frei.“

„Der Herr kommt sicherlich aus Deutschland“ – so der Ober. „Ich bin ein Freund der Deutschen, habe in Köln deutsche Verwandtschaft“.

Was also war das Problem? „Es ist die Jeans, die Sie tragen. Mit Jeans – das paßt nicht in unser Hotel“. Peng. Der Schuß saß, und ich mußte „bedröppelt“ das Feld räumen.

Ab Abend versuchte ich es noch einmal in der Bar. Ohne Probleme die Jeans. Der Schlips fehlte aber. Kein Problem. Aus einer Schublade unter den vielen Flaschen Dutzende solcher Binder. Ich genehmigte mir mein Lieblings-Getränk Singapore Sling und war bester Dinge.

Verunsichert wurde ich durch einen zweiten Barmann, der mich häufig ansah. Schließlich fragte ich ihn: „Kann ich etwas für Sie tun?“ Dann sah ich an seiner Brusttasche ein Namensschild. SIEGERIST stand da. In großen Buchstaben. Ich kenne Sie. Wir sind Namensvettern, sind aber nicht miteinander verwandt. Ich kenne Ihr Gesicht aus dem Buch von Ihnen über Willy Brandt. Mein Vater hat es gekauft. Er ist strammer CDU-Mann, ich bin SPD-Mitglied. Aber ich habe es trotzdem gelesen. Sie können sich vorstellen, daß es mir nicht gefallen hat. Aber Kompliment zu den Recherchen. Schade, daß Sie kein Sozi sind.“

Zurück zu Peter Bartels. Wir hatten uns nach der Schulzeit aus den Augen verloren. Ich kam zur Bundeswehr, zunächst nach Delmenhorst, Luftwaffe. Ich schlief schon, als ich plötzlich wachgerüttelt wurde. Von Peter. Durch Zufall war er in derselben Kaserne gelandet, hatte mein Namensschild an der Tür gelesen. Noch heute sind wir gute Freunde.

Wenn man langsam aber sicher in die Jahre kommt: Natürlich werden dann immer wieder die gleichen Themen durchgekaut. Unser Floßbau zum Beispiel. Ich bewunderte Robinson Crusoe. In dem Buch über ihn – ich hatte es, wer weiß wie oft, gelesen – baute er ein Floß. Das wollte ich nachmachen. Vom Industriehafen aus auf große Fahrt. Aus alten Holztüren, Balken und Bananenkisten-Holz zimmerten wir im Garten hinter unserem Häuschen das Robinson-Floß. Schließlich war es fertig. Nicht besonders schön – aber fertig.

Die ganze Sache hatte nur einen dicken Haken. Unser Floß war so schwer geraten, daß wir es keinen Zentimeter anheben konnten. Aus der Traum. Mühsam mußten wir unseren mißlungenen Dampfer wieder auseinandernehmen. Olle Kamellen. Aber wir sprechen immer von neuem darüber. Die Jahre ......

Die Rache am Menschenfresser

In meinem lettischen Landhaus aus dem alten Familienbesitz wohnt ein Menschenfresser. Einer mit gewaltigen Fangzähnen und Krallen. Vier Beine mit eindrucksvollen Krallen. Als mein Kater Ballun ihn das erste Mal sah, sträubten sich seine Haare, er fauchte wie wild und nahm Reißaus.

Der Menschenfresser hat keinen Namen. Inder, die ihn in ihrer Heimat schossen, nannten ihn nur „men eater“ – eben Menschenfresser – und das war er auch. Über Monate hatte er in einem kleinen Dorf in der Nähe von Bangalore 11 Menschen angefallen und 6 von ihnen getötet, zum Teil aufgefressen. Die Kinder hatten Angst, zur Schule zu gehen, die Frauen wollten nicht mehr in die Reisfelder. Den eingesetzten Jägern und von der Armee geschickten Soldaten entkam er immer.

Ein 15jähriger aus der Kaste der Unberührbaren schaffte das, was Jägern, Polizisten und Soldaten nicht gelang. Er legte sich nachts im Wald auf die Lauer und legte ein geschlachtetes Schaf als Köder aus. In den Morgenstunden sah er den Menschenfresser auf einer Lichtung. Aber der Tiger sah auch den Jungen. Und für ihn war der kleine Inder nichts weiter als ein Leckerbissen – den er dem toten Schaf vorzog. Das gewaltige Tier setzte zum Sprung an – und der Junge schoß. Der Tiger landete mit voller Wucht auf dem mutigen Jungen – aber der hatte dem Raubtier mitten ins Herz geschossen. Tot fiel er zu Boden. Aber die Verletzungen des Jungen waren so stark, daß er wenig später verstarb. Verblutet. Dorfbewohner hatten ihn entdeckt. Erzählt hat mir das alles Frau Wundling, eine vor Jahren verstorbene Förderin der Konservativen, die mit ihrem Mann 6 Jahre in Indien lebte. Er baute dort für die deutsche Firma MAN als Ingenieur eine Fabrik auf. Sie schenkte mir das Tigerfell.

Da saß ich nun mit meinem Menschenfresser in Hamburg. Und das auf den Fußboden legen? Nein – das war nicht mein Geschmack. In Lettland sind die Sitten etwas rauher. Da macht sich so ein Tiger gut. Bin ich in Lettland, kommen regelmäßig Eltern mit ihren Kindern, um den Menschenfresser zu bestaunen – und ich erzähle dazu – dick aufgeblasen – die abenteuerlichsten Geschichten. Kräftig ausgemalt. „Der ist ja noch schlimmer als der böse Wolf vom Rotkäppchen" – meinte ein sechsjähriges Mädchen.

Zollkontrolle in Hamburg. Schwere Strafen für den, der geschützte Tierarten schmuggelt – oder besser gesagt – das, was von den Tieren übriggeblieben ist. Es gibt nach wie vor Tausende von Touristen, die das Risiko, vom Zoll geschnappt zu werden – in Kauf nehmen. Hauptsache ein Elefantenfuß als Barhocker oder Stoßzähne von Elefanten an der Wand.

Aber ich hatte mich gut vorbereitet. Papiere über die Herkunft des Tigers von Frau Wundling – dazu Papiere aus Indien.

Mein Menschenfresser durfte in den Gepäckraum des Fliegers von AIR BALTIC gepackt werden.

Seitdem erschrickt er regelmäßig meinen Kater Ballun, der nur einen großen Bogen um ihn macht. Nur einmal – da hat sich Ballun gerächt. Er pinkelte seinem großen Katzen-Artgenossen mitten auf den Kopf. Dabei sah er mich triumphierend an und ließ sich von mir kraulen.

Plötzlich tanzte der „Schwerkranke“

Aina ist ein Phänomen. Lettische Ärztin, langjährige Regierungs-Beauftragte für die russische, deutsche und jüdische Minderheit in Lettland. Nach ihrer Pensionierung wurde sie Vorsitzende des deutschen Kulturvereins für ganz Lettland. Bei den Kongressen der Deutschen Konservativen stand sie als Ärztin parat. Ich glaube nicht, daß eine andere Ärztin in Deutschland in 14 Tagen annähernd so viele Patienten hatte wie Aina in drei Kongreß-Tagen. Aina war der Schwarm aller älterer Herren. Jeder entdeckte plötzlich ein schlimmes Leiden, angefangen von angeblichen Herz-Problemen bis hin zu Gicht, Kreislauf oder Migräne. Weibliche Patienten hatte Aina kaum. Sie sagte „Frauen sind robuster“. Aber da war zum Beispiel der gute Derbfuß. Er hatte spindeldürre Beine. Ein großartiger Mann, der in Rußland im Zweiten Weltkrieg die Deportation eines ganzen jüdischen Dorfes verhinderte. Alt und einsam litt er an Depressionen. Aber da war Aina „Lieber Herr Derbfuß – was haben Sie so schöne, glatte Haut an Ihren Beinen“. Der dicke Jöckel, der über zwei Zentner auf die Waage brachte, bekam von Aina zu hören „Sie sind ein wenig rundlich – aber so sind alle gemütlichen und in sich ruhenden Menschen.“ „Nebenbei“ stellte sie ihm aber einen Diätplan auf. Natürlich hielt sich der dicke Jöckel nicht daran. Er starb zwei Jahre später.

Nicht nur Politik stand auf dem Programm der Konservativen. Ausflüge, Musik-Abende mit deutschen Volksliedern ...... und auch Tanzen standen auf dem Programm. Tanzen. Die Sternstunde von Papa Hagen aus Berlin.

Pensionierter Polizeirat und verwitwet. Papa Hagen hatte mich vor Jahren im damals am Kudamm noch existierenden Cafehaus Kranzler angesprochen. Ich liebte das Kranzler sehr. Die etwas älteren Serviererinnen mit ihren gestärkten, schneeweißen Häubchen und Schürzen, das alte Geschirr – auch wenn bei den Kännchen oft kein Deckel mehr drauf war. Aber das Kranzler – Gastronomie einer sonst längst vergessenen Zeit. Selbst der Lokusmann war so vornehm wie ein englischer Butler. Kaum hatte man das Klosett verlassen, verbeugte er sich mit einem „Beehren Sie uns bald wieder, mein Herr." Wo kann man so fein pinkeln?

Aber zurück zu Papa Hagen. Er hatte mein Gesicht in irgendeiner Zeitung gesehen. Verlegen sprach er mich an „Ich kenne Sie, würde in Ihrem Verein gern mitmachen. Aber Sie werden mich wohl nicht haben wollen. Ich bin Jude. Für einen Moment war ich geschockt. Da waren sie wieder – die Folgen des seit Jahren versprühten Giftes gegen mich: Antisemit, Judenfeind, Nazi. Wir redeten lange, und Papa Hagen verstand schnell. Wir wurden Freunde.

Papa Hagen war wehleidig. Er klagte ständig über alle möglichen Gesundheits-Probleme, ging am Stock. Ziemlich mühsam und schwerfällig.

Papa Hagen war in Aina verliebt. Und ich kam bei einem Tanzabend aus dem Staunen nicht raus. Papa Hagen forderte Aina zum Tanzen auf. Stock blieb am Tisch stehen, und Papa Hagen war wie von Zauberhand frei von allen Gebrechen. Ein perfekter, leichtfüßiger Tänzer. Vor allem den Tango liebte er, „Tango Bolero". Immer wieder mußte die Kapelle ihn spielen.

Papa Hagen konnte nicht genug vom Tango Bolero bekommen.

Aina war für Papa Hagen wie ein Jungbrunnen. Als ich ihm am nächsten Morgen sagte „Sie sind ein toller Tänzer" ...... da zog er wieder seine bekannte Leidensmiene auf.

„Schmerzen, immer nur Schmerzen.“ Der „schwerkranke“ Papa Hagen wurde 93!

Das ist wahre Liebe

Ich bin alles andere als ein Kind der Prüderie. Sexualität ist ein Teil unseres Lebens – und sicherlich hat der Herrgott sie uns nicht nur allein zum Kinderzeugen gegeben. Aber ich wehre mich vehement dagegen, das Wort Liebe allein auf die Sexualität zu beschränken. Das ist zu billig und verkennt diese wunderschöne Sache gewaltig. Glaube, Liebe, Hoffnung heißt es in der Bibel.

Lassen Sie mich aus meinem bunten Journalistenleben erzählen, was ich alles an Liebe erlebt habe. Fangen wir mit der weniger schönen Geschichte an. Bangkok. Dort ist „Liebe" an jeder Straßenecke zu haben. Junge Mädchen bieten sich an, junge Männer und sogar Kinder. Was ich am schlimmsten fand: Hinter großen Glasscheiben sitzende Mädchen mit einer Nummer an der Bluse. Davor gaffende Männer jeden Alters und jeder Nationalität.

Ich glaube, daß Araber überwiegen. Aber auch reichlich Deutsche.

Ein anderes Beispiel von Liebe. Ich war zu Zeiten des wahnsinnigen Massenmörders Pol Pot in einem Flüchtlingslager an der thailändisch-kambodschanischen Grenze. Kinder im Schlamm. Aufgeblähte Hungerbäuche, Ärmchen wie kleine Hölzchen und faltige Gesichter. Internationale Hilfe kam viel zu spät. Einen Großteil meines Urlaubsgeldes brachte ich zum Brotkauf zu einem Bäcker. Es war schrecklich. Am Verhungern waren die kleinen Menschlein alle. Meine Hilfe war nur ein Tropfen auf den heißen Stein. Ein vielleicht 12 Jahre alter Junge bat mich weinend um ein Stück des Weißbrotes. Er bekam es. Vielleicht 1000 Kinder. Aber ich hatte nur Geld für 800. Dem Kind war anzusehen – der unbarmherzige Hungertod hatte schon seine Hand auf der Schulter des Kindes liegen.

Doch dann das Wunder Liebe. Der kleine Kerl gab seinem jüngeren Bruder sein Brot. Er besiegelte damit den eigenen Tod – ob er das Leben des Bruders rettete? Ich wußte es damals noch nicht, hielt aber über eine kanadische Hilfsaktion Kontakt zu den beiden Kindern. Der Ältere starb nach wenigen Tagen. Der kleine Bruder bekam durch die Hilfe der von mir geleiteten Aktion eine Schulausbildung finanziert und später ein Medizin-Studium. Er schloß es mit Auszeichnung ab. In Thailand werden Ärzte gesucht und gut bezahlt. Er bekam reichlich Angebote. Und er fand einen Weg, den ich großartig fand. Tagsüber behandelte er in seiner Praxis wohlhabende Thais und am Wochenende und in den Abendstunden bettelarme „Mäuslein".

Drei Kinder hat er. Zwei Mädchen und einen Jungen. Die Frau ist Ärztin – und die Kinder auch. Sie machen es alle wie der Papa. Das ist Liebe.

Auch jeder von uns kann Liebe schenken. Mit der einsamen Nachbarin sprechen – auch wenn Sie deren Geschichten schon, wer weiß wie oft, gehört haben. Auch dem Bettler vor dem Supermarkt kann man hin und wieder einen Euro zustecken. Natürlich kann es sein, daß er das Geld gleich in Schnaps umsetzt. Aber auch wer von 9 Armen nur einem einzigen hilft – das rechtfertigt schon die 10 „Nieten".

Ja, es stimmt: Die Liebe ist eine Himmelsmacht.

Diesen Gegner kann ich nicht besiegen

Soll ich es sagen oder nicht? Ich habe mich für ein Ja entschieden. Nicht aus einem Mitteilungsbedürfnis heraus. Ich möchte mit den folgenden Zeilen ein wenig Mut machen.

Ich habe im siebenten Jahr Parkinson. Mit Müdigkeit fing es an. „Überarbeitung", Sie müssen endlich einmal Urlaub machen. Das ist ein typischer „Burn out". Ich machte Urlaub an der Nordsee. Die Müdigkeit blieb. Drei weitere Arztbesuche. Röntgen des Gehirns. „So gut wie keine Verkalkung. Herz, Kreislauf – alles in bestem Zustand". Ich kam mit den Ärzten in Hamburg nicht weiter und fuhr in die Deutsche Klinik für Diagnostik nach Wiesbaden. Der mich untersuchende Arzt „Sie haben Parkinson". Geahnt hatte ich es. Ich stellte die Frage „Wie lange kann ich damit erträglich leben?" Antwort: „Vier Jahre. Dann sitzen Sie im Rollstuhl, sind ein Pflegefall". Es kam alles anders, weil ich kämpfe. Täglich mache ich Sport. Laufband, Fahrrad und an vier Tagen Physiotherapie. Dazu erstklassige Ärzte aus der Neurologie in Kiel. Ich arbeite wie ein Gesunder, ich kann reisen, schreibe weiter Bücher. Keine zitternden Hände und nur etwas langsameres Sprechen. Ich will es nicht weiter ausbauen. Aber es gibt offensichtlich Fälle, wo Parkinson sehr, sehr milde verläuft. Dafür bin ich meinem Schöpfer dankbar. Und ein kleines Nickerchen nach dem Mittagessen? Ich bin 72 Jahre. Das habe ich verdient.

Vor meiner Erkrankung fürchte ich mich nicht. Nach anfänglichem Hadern habe ich Frieden mit Herrn Parkinson geschlossen. 250.000 Deutsche müssen damit leben.

Es gibt Hähnchen ohne Haut und Federn

In den Fünfzigern gab es in Deutschland mehr Wienerwald-Gaststätten als Tankstellen. Behauptete die Werbung. Das war natürlich stark übertrieben. Tatsache ist aber, daß damals vor den vielen, vielen Hähnchen-Bratereien ellenlange Schlangen standen. Nach den langen Hungerjahren – da waren halbe Hähnchen ein kaum zu übertreffendes Luxusessen. Auch ich war verrückt nach „Heute bleibt die Küche kalt – wir gehen in den Wienerwald."

Bestenfalls an jedem vierten Sonntag konnte meine Mutter sich das für uns vier Kinder leisten. Holen mußte ich die Hähnchen.

Das war nicht die beste Entscheidung. Ich war verrückt nach der knusprigen Hähnchenhaut. Ein wenig davon schon vorweg ausprobieren – das kann nicht schaden ...... dachte ich mir. Aus dem einen Hähnchen wurden zwei. Und kaum verdrückt – da schlug das schlechte Gewissen. Zu spät. Meine Mutter fragte verdutzt, was mir da angedreht wurde. Ich soll die Hähnchen sofort zurückbringen. Das ist ja richtiger Betrug. Da mußte ich mit der Wahrheit raus. „Ich hab das gemacht. Aber es waren Hähnchen, die ohne Federn und ohne Haut geboren wurden". Zack hatte ich eine weg. Hähnchen an diesem Sonntag – die konnte ich mir abschminken Pommes mit Ketchup, das blieb. Was aber keiner merkte – meine Schwester Karin steckte mir unbemerkt unter der Tischdecke eine Hähnchenkeule zu.

Ich hatte schon bessere Ausreden als Kind – und da ich alles andere als ein braver Bub war – hatte ich im Trainieren von Ausreden eine ziemlich gute Erfahrung. Heute gibt es keinen Wienerwald mehr. Mc Donalds hat alles geschluckt. Dem Wienerwald-Chef Jahn waren die deutschen Rechte für Mc Donalds angeboten worden. „Sowas ißt doch kein Deutscher – meinte er. Einer der größten Irrtümer in der Wirtschafts-Geschichte Deutschlands.

Mir gefallen noch heute halbe Hähnchen – und ich gestehe, daß ich auch schon einmal bei Mc Donalds war – und der dicke Hamburger schmeckte nicht einmal schlecht.

Eine Selbstverständlichkeit gilt als Wunder

In Deutschland normal – in Lettland kaum vorstellbar: Alte Menschen werden morgens mit einem Kleinbus von zu Hause abgeholt und in eine „Tages-Klinik" gebracht. Dort steht tägliche Gymnastik auf dem Programm. Gemeinsames Singen deutscher Volkslieder, manchmal Kinderchöre oder sogar Theaterbesuche oder Grillen im Garten des Krankenhauses.

Großartig gegen Einsamkeit, Grübeln und Depressionen.

Es wird viel gemäkelt am deutschen Gesundheitssystem. Dabei wird vergessen, daß es eines der besten weltweit ist.

Jetzt habe ich in Lettland fast für eine Sensation gesorgt, die für uns selbstverständlich ist.

In meinem geerbten lettischen Gutshaus habe ich eine Tages-Klinik eingeführt. Genau wie in Deutschland. Die älteren Frauen und Männer werden dort ebenso betreut wie die Deutschen. Die Lokalzeitung überschlug sich in Lobeshymnen so sehr, daß es mir peinlich war. Die Tagesklinik war überfällig und für mich selbstverständlich. Versorgt werden die neuen Bewohner bestens. Gutherzige Nachbarn bringen selbstgebackene Torten, frische Milch und Sahne von den eigenen Kühen – und gern „garniere" ich das Essen hin und wieder mit Pralinen und Lachs-Kaviar, der in Lettland sehr billig ist. Ein altes Mütterchen drückte mir die Hand, und weinend sagte sie mir: „Das hier ist die schönste Zeit meines Lebens. Meine Kinder leben im Ausland. Mein Mann blieb in Sibirien. Von Stalin als ‚Großgrundbesitzer' deportiert. Dabei hatten wir ganze 10 Hektar Boden und ein wenig Vieh. Ich bin jetzt überglücklich, daß ich das hier alles erleben darf." Dann küßte das Mütterchen mir die Hände – was mir immer peinlich ist."

Eines Tages gab es eine besondere Überraschung. Unangemeldet kam der katholische Bischof Edvards Pavkovskis zu Besuch. Gemeinsam mit dem evangelischen Ortspfarrer Sandis Radnieks, der dafür sorgt, daß die im Kommunismus „entchristlichte" Kirche mehr und mehr Mitglieder bekommt. Hochzeiten, Trauerfeiern und jeden Sonntag mehrere Taufen.

Als ich von meinem in England verstorbenen Vater den großen Besitz erbte – hatte ich zunächst keinen blassen Schimmer, was ich mit dem großen Besitz anfangen sollte. „Du wirst es schon richten" hatte mein Vater gesagt. Schön, daß er Recht behalten hat.

Da reiste er wütend ab

Ja, wirklich – Originale gab und gibt es bei uns Konservativen genug. Fangen wir mit denen an, die nicht mehr leben. Anna Ludwig zum Beispiel: Sie war allergisch gegen alle Gewürze. Sogar die herkömmlichsten – Pfeffer und Salz. Bei unseren Kongressen wurde für sie extra gekocht. Kein Problem für die Küche – und Frau Ludwig strahlte. Ich setzte mich zu ihr an den Tisch. Als ich einen neuen Gast begrüßte, sah ich, wie sie einen kleinen Salzstreuer in die Hand nahm und eine gehörige Portion davon in die Suppe gab. Ich tat so, als habe ich nichts gesehen, fragte sie aber: „Wie macht sich diese Gewürz-Allergie bei Ihnen bemerkbar?" – „Das ist ganz schlimm. Ich bekomme am ganzen Körper innerhalb einer halben Stunde Ausschlag, nur noch schlecht Luft und muß mich übergeben".

Frau Ludwig hatte eine gute Rente, spendete davon häufig für die Konservativen. Aber sie klaute Bücher von unserem Bücherstand. Sie lief dann immer mehrmals um den Bücherstand herum und schwupps verschwanden zwei, drei Bücher in einer Einkaufstasche. Die gleichen Bücher bestellte sie dann noch einmal und zahlte prompt.

An den Abenden unserer Kongresse wurde immer gesungen. Das Lieblingslied von Frau Ludwig: „Üb immer Treu und Redlichkeit".

Der dicke Jöckel darf nicht fehlen. Er behauptete „Ich esse so wenig, und trotzdem werde ich immer dicker". Jöckel brachte gut zwei Zentner auf die Waage. Beim Frühstück, Mittagessen und Abendbrot türmte sich das Essen auf seinem Teller. „Aber ich mach Sport" ...... sagte er dann verlegen – „gehe oft schwimmen". Im Hotel war ein kleines Schwimmbad. An einem freien Nachmittag ging ich dort schwimmen. Auch der dicke Jöckel. Ich sag das jetzt nicht abschätzig oder böse gemeint. Aber die Badehose von Jöckel erinnerte mich an ein Ein-Mann-Zelt. Als er ins Wasser stieg, schwappte es über den Beckenrand. Ich bemühte mich, in eine andere Richtung zu sehen. Aber meine Augen wurden vom dicken Jöckel wie ein Magnet angezogen – und ich schämte mich, als Jöckel sagte: „Wer so fett ist wie ich, der muß es sich gefallen lassen, angeglotzt zu werden". Als Jöckel in seiner Wohnung starb konnte er nicht durch das enge Treppenhaus getragen werden. Die Feuerwehr hievte Jöckel mit Bett über den Balkon auf die Straße. Übrigens – Jöckel war Pfarrer.

Unschlagbar in der Reihe der Originale war ein pensionierter Dombaumeister. Ob über die Asylantenfrage gesprochen wurde, über eine Veränderung der Parteienlandschaft – er schaffte es, immer wieder das Thema auf deutsche und französische Dome zu bringen – oft zur Verzweiflung der Redner und des Diskussionsleiters. Der Kölner Dom kam immer an die Reihe, der Dom zu Speyer, Notre Dame und oft auch nur ein kleines Kirchlein an der „Romantischen Straße" im Taubertal. Seiner Frau war es peinlich. Bremsen? Das konnte auch sie ihn nicht. Ich sag es ungern – aber er war ein notorischer Störenfried. Ich mußte mit ihm reden. Wütend beschimpfte er mich als einen Gegner der größten Architektur-Schätze der Menschheit. Noch am selben Tag reiste er ab. Seine Frau – die blieb und meinte nur: „Die Tage ohne meinen Mann, der sonst herzensgut ist – die werde ich genießen. Ganz ohne Dome."

Die Sache mit den Tattoos

Die vielen Tätowierungen an Steffi sind gewöhnungsbedürftig. Die Arme, der Hals, die Beine – überall blauschwarze Tätowierungen. Ich bin sicher – auch an den Stellen, die die Kleidung verdeckt. Dabei ist Steffi ein schönes Mädchen. Liebes Gesicht – und ein gutes Herz. Tätowierungen sind in Mode bei jungen Leuten. Der Name der Freundin, des Freundes ...... alles wird – mit Schmerzen verbunden – in die Haut gepiekt. Problematisch wird es, wenn Freundschaften in die Brüche gehen – aber der Verflossene noch auf dem Körper zu lesen ist.

Auch beruflich kann so ein „Tattoo" zum Problem werden. Auch der persönliche Geschmack ändert sich im Laufe des Lebens. Heute „in" – morgen „out". Hinzu kommt, daß die Farben verblassen ...... und so ist nun einmal das Leben – im Laufe der Jahre bekommen wir nun einmal Falten. Und jugendliche Liebesschwüre auf der Haut eines älteren Menschen, die wirken schon ein wenig peinlich.

Für Steffi zählen solche Bedenken nicht. Sollte Steffi sich die Sache doch noch einmal überlegen ...... das Entfernen der Tattoos ist nicht billig. Spezialisten bräuchten zur Entfernung von Steffis Gemälde-Galerie ungefähr 10 bis 15 Stunden. Pro Stunde bis zu 400 Euro. Da können schon locker 6.000 Euro zusammenkommen.

Steffi ist unsere Büro-Nachbarin. Sie arbeitet in der Tierarztpraxis neben unserem Büro. Oft haben Hunde-Patienten panische Angst zum Tierarzt zu gehen, wollen sich bei uns im Büro verstecken. Steffi beruhigt jedes Tier. Tierarzt-Helferin ist für sie nicht nur ein „Job" zum notwendigen Geld-Verdienen. Ich habe noch nie einen Menschen gesehen, der so liebevoll mit Tieren umgeht. Als ein an Krebs erkrankter Berner Sennhund von ihrer Chefin Stefani

Westfalen eingeschläfert werden mußte – da kullerten bei Steffi Tränen. Ich habe Steffi gern – trotz ihrer Tattoos.

Sprung in der Schüssel

Er kommt jeden Morgen pünktlich um 10 Uhr in den Bäckerladen. Er weiß, dann hat die Verkäuferin Songül Dienst. 18 Jahre ist der Junge. Mongoloid – heute sagt man „down-Syndrom“ zu dieser Krankheit. Menschen mit dieser Krankheit sollte man nicht unterschätzen. Sie sind cleverer als man denkt. Stefan, so der Name des Backstuben-Besuchers, weiß, daß Songül ein gutes Herz hat ...... und fast immer eine Tüte Kekse für Stefan, der sich artig dafür bedankt. Aber um 10 Uhr ist in der Bäckerei Hochbetrieb – und Songül bittet den Jungen: „Komme besser am Abend vorbei, dann ist nicht soviel los. Songül meinte es gut. Sie wollte nicht, daß die Kunden den kranken Jungen für einen Bettler halten. Stefan überlegt einen Moment, sagt dann: „Am Abend ist vielleicht nichts mehr da. Dann möchte ich jetzt schon vorbestellen. Am besten die Kekse mit Schokolade“. „Ganz schön dreist denkt Songül und schmunzelt. Aber sie sagt nichts und akzeptiert. Am nächsten Tag kommt Stefans Mama in den Laden. Ihr Sohn hat es verstanden, die Kekse-Bettelei ein Jahr vor ihr zu verstekken. Doch gestern verriet er sich: „Meine Angestellte muß mir die Schoko-Kekse jetzt immer am Abend geben“: Seine „Angestellte“ ......

Mama bittet Songül: „Ich möchte nicht, daß mein Sohn bei Ihnen bettelt. Geben Sie ihm bitte nichts mehr“: Leicht fällt es Songül nicht. Aber sie weiß, daß Mama im Recht ist. Stefan darf nicht mehr in das Backhaus kommen. Er findet das ungerecht. In seiner Vorstellungswelt ist aber nicht die Mama die Schuldige, sondern Songül.

Songül packt grad ein Paket Kuchen für eine alte Dame. Da sieht sie Stefan am Schaufenster stehen. Er steckt Songül die Zunge raus und zeigt ihr einen Vogel. Das Mädchen ist ein wenig traurig. Sie droht nur mit dem Finger –

aber dann wird sie doch wieder weich und gibt Stefan eine Tüte mit seinen geliebten Schoko-Keksen. Übrigens Songül ist die Lebenspartnerin von unserem Büroleiter Murat Temeltas. Da haben sich zwei Gutmütige gefunden. Murat bekommt fast täglich Besuch von Loana. Die ist 15, kommt aus Togo. Und Murat weiß schon, welcher Satz immer vor dem „Guten Abend“ kommt ...... „gibt es heute was Süßes?“ Und logisch – Murat läßt sie ins schon parat stehende Bonbonglas greifen – mit der Ermahnung „Aber nicht mehr als 3“. Loana macht aus 3 meist 10.

Zum Gottesdienst in der von uns in Lettland erbauten Soldaten-Versöhnungs-Kapelle kommt jeden zweiten Sonntag eine Mama mit ihrer mongoloiden Tochter, so um die 30. Birgit heißt sie, behauptet aber „Ich heiße Katharina“. Sie hatte einen Film im Fernsehen gesehen – Katharina die Große. Natürlich sag ich auch nur Katharina zu ihr. Katharina ist verliebt in mich. Vielleicht liegt es daran, daß ich sie bei den Gottesdiensten immer als erste begrüße, sie in den Arm nehme und drücke, ihr über das blonde Haar streichle. Ich will damit demonstrativ zeigen, daß auch behinderte Menschen ein Recht auf Achtung und besondere Zuneigung verdienen und benötigen. Katharina sieht das anders. Sie ist – ohne das Mama es wußte – zum Pfarrer gegangen, hat ihm gesagt „Ich will Joachim heiraten“. Pfarrer Sandis Radnieks: „Joachim ist aber schon in Deutschland verheiratet“ ...... was geflunkert war. Aber Katharina die Große ...... für sie kein Problem. Sie antwortete, wie aus der Pistole geschossen: „Dann hat er eben zwei Frauen. Katharina die Große hatte doch auch viele Männer. Warum soll Joachim dann nicht zwei Frauen haben?“ Sandis hat es mit seinen Schäfchen nicht immer leicht.

Da fällt mir noch Hannelore ein. Gleiche Krankheit. Nachbarin von meinem Anfang 2018 verstorbenen Freund Manfred Reuß. Hannelore trägt eine dicke Brille. Eines

Tages hatte die Brille einen Sprung. Manfred: „Hannelore, Deine Brille hat einen Sprung“: Hannelores Antwort war deftig: „Manfred, Dein Arsch auch.“

Manfreds Mutter schenkte Hannelore zum Geburtstag eine hellblaue Handtasche. Hannelore trug sie stolz zum Spielplatz, zeigte sie den Kindern. Dann füllte sie das Schmuckstück mit Sand, schleuderte es im Kreis und ab in die Luft. Das machte Hannelore wohl eine halbe Stunde. Am Abend ging sie zu Frau Reuß, bedankte sich noch einmal höflich und sagte „Die Handtasche ist mein schönstes Geschenk zum Geburtstag. Die kann sogar fliegen.“ Mama Reuß wußte nicht, was gemeint war. Da schleuderte Hannelore im Treppenhaus die Handtasche noch einmal durch die Luft. Mama Reuß am Abend zu ihrem Sohn: „Hannelore hat nicht nur einen Sprung in der Brille. Sie hat auch einen Sprung in der Schüssel“.

Das gute, alte Telegramm

Kennen Sie noch das gute, alte Telegramm? Es gab Geburtstags-Telegramme, Glückwunsch-Telegramme, frohe Botschaften, traurige, goldene Hochzeit. Immer besondere Ereignisse. Es gab extra Telegramm-Boten. Heute? Alles, was mit Telegrammen zusammenhängt – das existiert heute noch bestenfalls im Post-Museum. Dabei spielten sie früher eine wichtige Rolle. Ende des 19. Jahrhunderts gab es noch so gut wie keine privaten Telefone. Ein normaler Brief, volle vier Tage Laufzeit. Das Telegramm war die einzige Möglichkeit, schnell etwas zu versenden.

Noch 1978 wurden allein in Deutschland 13 Millionen Telegramme verschickt.

Aus und vorbei. Erst gab es mehr und mehr Telefone, dann das „Handy".

Egal ob im Urwald oder in der Antarktis – jederzeit und sofort erreichbar.

Die Tagesschau auf „Handy", die Wetter-Vorhersage, Dollar-Kurs – oder was immer Sie grad im Sinn haben.

Ich erinnere mich noch daran, daß ich vor 10 Jahren ein Geburtstags-Telegramm mit Musik bekam. Geschmückt mit aufgedruckten Blumen und einer kleinen Melodie – per Mini-Batterie am Telegramm. Öffnete man das Telegramm ging es los „Happy birthday to you".

Ich habe dieses Telegramm aufbewahrt. Es gilt heute als „altmodisch". Ein ungerechtes Wort. Es war schon spannend, ein Telegramm zu erhalten. Etwas Besonderes. Die „Handys" können auf den Wecker fallen. Kaum noch ein persönlicher Brief. Kinder glotzen aufs Handy, statt zu spielen. Vor einiger Zeit sah ich eine Mama mit ihrem etwa vier Jahre alten Sohn am Hamburger Jungfernstieg. Er wollte nicht mit über die Straße gehen. Lieber „Handy"-Glotzen. Als die Mama ihm das „Handy" abnahm, heulte und strampelte er, wälzte sich auf der Staße herum. Der jungen Frau war das peinlich. Ein älterer Herr kam vorbei und sagte brummig: „Hauen Sie dem Bengel eine auf den Hintern". Zum Glück war keiner vom Kinderschutzbund in der Nähe. Und ich Reaktionär fand es gut, was der alte Herr empfahl. Der Mama hätte es auch nicht geschadet, wenn man ihr die Leviten gelesen hätte. Aber mit meiner Meinung bin ich ein Gegner der „modernen" Erziehung.

Doch das stört mich nicht. Ich bleibe nun einmal „altmodisch" – und deshalb liebe ich auch mein Telegramm.

Meine erste große Liebe

In Fräulein Hauswald hatte ich mich verliebt. Ich war zwar erst 13 – aber ich himmelte sie an. Fräulein Hauswald war meine Lehrerin auf der Volksschule in Bremen. Aus der Ostzone kam sie. Sie haßte die Kommunisten – was mir gefiel. Ihre Flucht hatte sie gut vorbereitet. Zum Glück noch vor dem Mauerbau.

Drei bis vier Kleider auf einmal zog sie an – um ihre Kleidung nach Berlin zu bringen. Einmal stoppte sie ein Volkspolizist. Fräulein Hauswald sah sich schon als Republik-Flüchtige im Gefängnis. Aber der Vopo flüsterte ihr nur zu: „Viel Glück". Nach einer Woche hatte sie all ihre Wäsche im Westen. Mobiliar? Das war nicht möglich. Von einer Großtante hatte sie kostbare Möbel aus Indien geerbt – mit Einlegearbeiten aus Elfenbein.

„Was nutzen mir die schönsten Möbel, wenn ich in einem großen Gefängnis lebe?" sagte sie. Ihr Spezialfreund in der „DDR" war Walter Ulbricht, der Spitzbart mit der Fistelstimme. Politisch neutral – nein, das Fräulein Hauswald nicht. Ihre Mutter hatten die Kommunisten ins ehemalige NS-KZ Buchenwald gesteckt. Nach drei Wochen kam die Todesmeldung. Papa Hauswald kam nach Sachsenhausen. Rot – egal welche Schattierung – das brachte die junge Lehrerin auf die Palme. Nach nur einem Jahr wechselte Fräulein Hauswald die Schule. Lehrer Kurt Rolbitzki kam. SPD-Mitglied. Logisch – ich war gegen ihn. Fräulein Hauswald weg – ein SPDler als Lehrer. Ich machte ihm das Leben schwer, versuchte die ganze Klasse gegen ihn aufzuwiegeln. Das gelang nicht. Zugegeben – er war ein guter Lehrer – ein sehr guter. Bei den anderen Lehrern stand er nicht hoch im Kurs. Er war ihnen zu modern, zu fortschrittlich. Sie sagten „chaotisch" – was nicht stimmte. Aber sie wollten ihn loswerden. Ich war Mittel zum Zweck.

„Einer der besten Schüler kommt noch nicht einmal mit ihm zurecht" – sagten sie. Es hätte nicht viel gefehlt – und er hätte die Schule wechseln müssen. Aber dann sprachen wir beide lange zusammen. Und das Klima stimmte plötzlich. Als die Schulzeit beendet war – da trauerte ich ihm nach. Ich habe es schon mehrfach gesagt: Ich hätte mich bei ihm entschuldigen sollen. Fräulein Hauswald heiratete bald einen anderen Lehrer. Aber ich denke noch oft an sie. Meine erste große Liebe – das war sie wirklich.

Ich habe einen Schatz gefunden

Ich war sicher – da ist ein Schatz vergraben. Januar 1959 im Bremer Blockland. Prächtige Bauernhöfe. Allesamt unter Denkmalschutz. Den „Graf von Monte Christo“ hatte ich gelesen. Zu Unrecht im Kerker einer Gefangeneninsel, auf abenteuerliche Weise geflohen und dann den gewaltigen Schatz gefunden. Ein alter Mitgefangener hatte ihm vor seinem Tod gesagt, wo der Schatz liegt. Das Buch ging mir nicht aus dem Kopf. Robinson Crusoe und den Monte-Christo-Grafen – ich hab die beiden Bücher immer wieder gelesen.

An Phantasie mangelte es mir schon als Kind nicht. Und ich beschloß ganz einfach, daß auch im Bremer Blockland ein Schatz vergraben ist. Mit meiner Begeisterung steckte ich auch meinen besten Schulfreund Peter Bartels an. Ich nahm einen Spaten aus dem Werkzeug-Schuppen, und los ging es mit unseren alten Klapper-Fahrrädern ins Blockland. Auch an einen großen Kohlensack hatte ich gedacht. Zum Abtransportieren des Schatzes. Dicht bei einem Bauernhaus, bei einem gefrorenen Bächlein war der Schatz vergraben. Ich war mir sicher. Ein Sprung über das Wasser, Peter hielt Wache, damit uns der Schatz nicht im letzten Moment gestohlen wurde – und schon fing ich an zu graben. 10 Meter neben einem dampfenden Misthaufen. Beim Grafen war die Schatzsuche romantischer. War mir egal – Schatz ist Schatz.

„Der Kohlensack hat ein Loch“ – entdeckte Peter. „Nicht so schlimm“ – sagte ich. „Auf einen Diamanten mehr oder weniger kommt es nicht an“.

„Was machen wir mit dem vielen Geld?“ – wollte Peter wissen. „Wir kaufen uns zwei Pferde und den schönsten Bauernhof im Blockland dazu“ – meinte ich. „Und außerdem fahren wir auf die Insel von Robinson Crusoe. Außerdem auf die Gefangeneninsel vom Grafen. Vielleicht gibt es da noch Gefangene, die wir befreien können. Von dem Geld können wir uns ein Schiff mit Kanonen kaufen. Wir schießen das Gebäude sturmreif und befreien dann die Gefangenen". „Joachim. Du spinnst" – sagte Peter. Da stieß ich mit meinem Spaten auf etwas metallisch Klingendes. „Die Schatztruhe" rief ich triumphierend. Wir haben sie gefunden. Zwei, drei Spatenstiche – und zum Vorschein kam eine alte Milchkanne. Inzwischen war uns die Kälte mächtig in die Knochen gefahren, und Peter meinte „Es wird mir zu kalt". Und das kurz vor der Schatzhebung. Ich klopfte die Erde vom Spaten und sagte, nicht mehr so überzeugend: „Morgen suchen wir weiter." Ein Sprung über den Graben. Von wegen – in den Graben und nicht über den Graben. Bis zum Bauch im eisigen Wasser. Und 5 Kilometer mit dem Fahrrad nach Hause. Schon nach wenigen Minuten war die klitschnasse Bekleidung hart gefroren. Ich fror erbärmlich. Zu Hause angekommen – meine Mutter steckte mich ins heiße Wasser der Badewanne. „Wie ist das passiert?" – wollte sie wissen. „Ich bin nur gestolpert, als wir über einen Graben springen wollten, um Pferde zu streicheln", flunkerte ich. Der Graf blieb mein Geheimnis. Am nächsten Morgen hohes Fieber. Dr. Schulz, der Hausarzt: „Der Junge hat eine Lungenentzündung. Er muß mindestens zwei Wochen das Bett hüten". Fand ich nicht so schlimm. Ich konnte noch einmal meine zwei Lieblingsbücher lesen.

Vom Schatz sprach ich nie wieder. Der blieb ein Geheimnis zwischen Peter und mir.

So wirst Du schnell Milliardär: Erfinde ein Haarwuchsmittel

Lange Haare, Vollbart. Siebziger Jahre. Hemden so eng wie eine Wurstpelle und Hosen mit Schlag – das heißt am unteren Ende die Hosenbeine besonders weit. Ich war zwar schon Redakteur bei der „reaktionären" BILD-Zeitung …… aber diese Mode machte ich mit. Den Bart hatte ich mir aus einem besonderen Grund wachsen lassen. Ich sollte Redaktionsleiter bei BILD-Bremen werden. Aber ältere Kollegen meinten: „Der ist zu jung". „Mit Bart älter" – beschloß ich. Ob es wirklich am Bart lag – ich weiß es nicht. Jedenalls bekam ich den Job, und ich war stolz wie Oskar, mit 27 Jahren der jüngste BILD-Chef zu sein.

Irgendwann – so um die 30 – stutzte ich die Haare. Der Bart blieb bis heute.

Wollen wir Männer es doch zugeben: Mit unseren Haaren sind wir eitel. Eine Haarbürste und einen Föhn hatte ich immer im Reisegepäck. Innenrolle – wie die meisten Schlagersänger bei Dieter Thomas Heck.

So um die 45 war ich – da sagte ein ehemaliger Schulfreund „Joachim, bei Dir auf dem Kopf bildet sich ein kleiner Flughafen-Landeplatz". Noch zu klein für große Maschinen. Eher ein Hubschrauber-Landeplatz. Aber er löste Alarm aus. Meine Schwester nahm für längere Augenwimpern Rhizinusöl. Aufgetragen mit einer winzigen Bürste. Ich mixte mir für den Landeplatz mein eigenes Haar-Rettungs-Rezept. Rhizinusöl, Eigelb und das Haarwuchsmittel Neo Silvikrin. Das mit dem Eigelb hatte mir meine Freundin Sonja geraten. Da saß ich nun in der Badewanne mit meiner Matsche-Pampe auf dem Kopf und einer Badekappe, damit die gelbe Pracht auch da blieb, wo sie hingehörte. Nach 6 Monaten hatte ich genug davon. Wirkung? Null.

Ich versuchte es noch einmal bei einem alten Freund. Professor Ludwig, ein Hautarzt. Er lachte, als ich ihn besuchte – sagte „Weißt Du, mein Freund. Hätte ich ein Haarwuchsmittel – ich wäre einer der reichsten Männer der Welt. Eine Milliarden-Industrie lebt von der Illusion der Menschen, die gern wieder volle Haare hätten".

„Nur eine Methode hilft mit Garantie" – verriet mir mein alter Freund: „In der Türkei haben sich Hunderte von Ärzten auf Haarverpflanzung spezialisiert. So eine Operation kostet zwischen 1.500 und 2.000 Euro – und meistens muß noch einmal operiert werden."

Nein – so weit geht meine Haarpracht-Eitelkeit nun doch nicht. Außerdem – die Haare fallen nicht auf einmal aus. Es ist ein jahrelanger Prozeß – und man gewöhnt sich daran. Heute kann ich mich über meine verflogene Eitelkeit amüsieren – und außerdem: Stellen Sie sich einmal den großen glatzköpfigen Schauspieler Jul Brynner mit Haaren vor. Nein, nein – seine berühmte Rolle als König von Thailand ...... mit Haaren hätte das nicht gepaßt. Also, liebe Glatzkopf-Leidensgenossen: Kopf hoch. Es zählt, was drin ist, und nicht, was drauf.

Er nervt mich mit Du, du, du

Er geht mir auf den Wecker. Sieht er mich auf der Straße – er heftet sich wie eine Klette an meine Fersen. „Du, du, du“ ...... überfällt er mich mit einem Redeschwall und erzählt mir Geschichten aus der Nachbarschaft, die mich nicht einen Funken interessieren. „Hab keine Zeit“ ...... das hilft nicht. Er redet weiter wie ein Wasserfall. „Du, du, du – wußtest Du schon, daß die dicke Meier ein Verhältnis mit dem Postboten haben soll? Du, du, du – das mit den Ausländern in Hamburg wird auch immer schlimmer. Du, du, du – nächste Woche habe ich Silberhochzeit“. „Wie hat es seine Frau nur 25 Jahre mit Du, du, du ausgehalten? Sie ist Krankenschwester und das Gegenteil von ihrem Mann. Eine freundliche, gebildete Frau. Eigentlich wollte sie Ärztin werden. Aber es fehlte Geld fürs Studium. Auf einem Rosenmontagsball lernte sie Du, du, du kennen. Wo die Liebe hinfällt. Doch es gibt Probleme. Du, du, du – er hat sich in eine Jüngere verschossen. „So richtig und unsterblich“ ...... sagt er. Ich tröste seine Frau – sag ihr „Das geht im Leben nicht gut. Die hat von ihm bald die Nase voll.“ Ihn knöpfe ich mir vor – sage ihm „Du solltest Dich schämen. Eine bessere Frau als Deine gibt es nicht.“ Aber Du, du, du sieht das anders. Er zieht aus der gemeinsamen Wohnung aus, redet von Scheidung. Du, du, du ist 68. Die neue Flamme 32. „Wir heiraten“, sagt sie zu Du, du, du. Der ist Feuer und Flamme, verspricht ihr eine größere Wohnung. Als Schlossermeister hat er das ganze Leben hart gearbeitet, mehr als 250.000 Euro angespart. „Für unsere gemeinsame Zukunft“ schwärmt er. Das Geld reicht im teuren Hamburg für eine kleine 2-Zimmer-Wohnung. Wie sie es geschafft hat – ich weiß es nicht. Jedenfalls wird die Wohnung auf den Namen der Freundin eingetragen. Es kommt, wie es kommen mußte. Sie gibt ihm den Laufpaß. Du, du, du hat die Ehefrau verloren, die Freundin, sein Erspartes, die Wohnung.

Nicht zu glauben – aber seine Noch-Ehefrau liebt ihren Mann noch immer. „Verzeih mir“ – sagt er „ich war blind“. Sie weint nur, schweigt. Am nächsten Tag öffnet sie nicht mehr die Tür. Du, du, du ist Schlosser. Eins, zwei, drei ...... die Tür ist offen. Auf der Couch im Wohnzimmer liegt seine Frau. Neben ihr etliche leere Röhrchen mit Schlaftabletten. Tot. Bei der Beerdigung steht er stumm am Grab, keine Träne. Tage nach der Trauerfeier spricht er mich wieder auf der Straße an. „Du, du, du“. Ich sehe ihn nur von unten bis oben an, sage: „Sprich mich nie wieder an. Ich will Dich nie wieder sehen“.

Ein Jahr später sehe ich im Hamburger Abendblatt eine kleine Todesanzeige. Die von Du, du, du.

Schach in der Sauna

Ich liebe es, in die Sauna zu gehen. Aus einer Rumpelkammer in meiner Wohnung habe ich mir eine Heimsauna gebaut. Wenn es geht – einmal die Woche Sauna. Tut einfach gut. Ich glaube auch, daß es wichtig für die Gesundheit ist. Mit 28 Jahren bin ich erstmals in die Sauna gegangen. In Wiesbaden war das. Ich half dort dem hessischen CDU-Chef Alfred Dregger beim Wahlkampf. Die CDU hatte mir in der Straße „Am Bingert" eine Wohnung angemietet. Wohnung in einem Mehrfamilienhaus mit Schwimmbad und Sauna.

An einem freien Wochenende Saunabesuch. Mit mir in der Sauna einer meiner Nachbarn. Er war dick, sehr dick. „Die Drüsen" – sagte er. Die „Drüsen" bestanden aus einer 1-Liter-Flasche des Zuckergetränkes Cola. Und was ich kaum glauben konnte ...... auch ein dickes „Freßpaket nahm er mit in die Sauna. Zweimal 20 Minuten Sauna – manchmal auch dreimal. Er stopfte die dick belegten Brote während der Pausen in sich rein. Nur einen „Handkäs mit Musik" – den verdrückte er immer in der Sauna. Das ist so ähnlich wie ein Harzer Käse. Mit Öl, Essig, Zwiebeln und Kümmel. „Schmeckt in der heißen Sauna am besten – behauptete er. Ich merkte es am Geruch. Ich habe noch nie einen Menschen so schwitzen gesehen. „Gut fürs Abnehmen" – behauptete er. Ich konnte mir ein Grinsen nicht verkneifen. Gegen den Schweiß benutzte das Dickerchen einen kleinen Kuchenschaber. Das ist ein handflächengroßes Stück Plastik – wie ein Halbmond gebogen. Damit kratzen Hausfrauen frischen Teig aus der Schüssel und geben ihn in die Backform.

Problem: Sehr feinfühlig war der gute Mann nicht. Er schabte sich den Schweiß vom Wanst – und der landete meist bei mir. Irgendwann hatte ich die Schnauze voll davon und ging nur dann in die Sauna, wenn er nicht da war.

Eine besondere Art von Saunagängern traf ich auch in einem Hotel auf der portugiesischen Ferieninsel Madeira. Zwei ältere Engländer. Sie spielten Schach in der Sauna. Nein – sie zelebrierten das Spiel regelrecht. Die Schachfiguren reines Elfenbein. Aus alten Zeiten. Einer der beiden war Kolonialbeamter in Indien. Damals war die Verarbeitung von Elfenbein nicht anstößig. Man ließ sich sogar vor erlegten Elefanten fotografieren – stolz ein Bein auf dem Körper des erlegten Tieres.

Eine Woche war ich auf Madeira. Und eine volle Woche spielten die beiden Schach. In der Sauna – und vor der Sauna. Immer eine halbe Stunde. Um die Zeit genau einzuhalten – hatten sie sich einen alten Wecker mit großer Glocke aufgestellt. War die halbe Stunde rum – da bimmelte er. Aber kein normales Bimmeln, sondern ein Läuten wie beim Londoner Glockenturm Big Ben. Die beiden Alten waren Gesprächsthema Nr. 1 im Hotel. Der Ex-Kolonialbeamte ging nur mit einer schwarzen Melone und Gehrock auf die Straße. Gegen die Sonne – dafür trug er einen englischen Regenschirm. Die vornehme Blässe sollte erhalten bleiben. Sonnenanbeter im Park des Hotels strafte er mit all seiner Verachtung.

Mit 93 Jahren starb er. Sein Leichnam wurde nach Bath überführt, einem kleinen englischen Städtchen mit römischen Wurzeln. Ob es stimmt – ich kann es nicht garantieren. Aber auf seinem Grabstein soll kein Kreuz gewesen sein – sondern zwei Schachfiguren – eine Dame und die Königin.

Übrigens: Das „Saunieren“ beugt Erkältungskrankheiten wirklich vor. Es hilft sogar bei Störungen des vegetativen Nervensystems und bei Arthrose und chronischen Rückenschmerzen.

Der Rest ist Schweigen

Der alte Herr hat Parkinson. Angefangen hat es vor 10 Jahren. Leichtes Zittern in den Händen und immer müde. Er lebt in einem lettischen Altenheim. Es ging zu Hause nicht mehr. Der alte Herr hat keine Familie – und irgendwann wurde das Zittern in den Händen ein ununterbrochen starkes Schütteln. Parkinson ist eine tückische Krankheit. Im Gehirn sterben mehr und mehr Zellen ab. Einige Jahre können die Symptome von Parkinson mit Medikamenten einigermaßen unterdrückt werden.

Der gute Mann im lettischen Altenheim leidet stark unter Parkinson. Depressiv ist er, möchte nicht mehr leben. Ich muntere ihn auf, erzähle ihm die Geschichte von Muhammad Ali, dem Weltmeister-Boxer. Mit zitternden Händen und körperlich ein Wrack zündete er das olympische Feuer an – versteckte seine Krankheit nicht.

Irgendwann hatte mein lettischer Freund aus dem Altenheim etwas über alternative Behandlung von Parkinson im Fernsehen gesehen. Die Patienten bekamen Haschisch. Sie rauchten es in einer Zigarette. Und es war wie ein kleines medizinisches Wunder. Schon nach drei Minuten kein Zittern mehr, das bei Parkinson übliche Nuscheln war weg.

Jetzt hatte der alte Herr nur noch diese Idee im Kopf: Eine Haschisch-Zigarette.

Jetzt muß ich jedes Wort auf die Goldwaage legen. Haschisch ist in Lettland verboten.

Nur so viel: Der alte Herr bekam seine Haschisch-Zigarette. Ich war dabei, als er sie rauchte – und es stimmt wirklich – Parkinson war wie weggeblasen, fast 4 Stunden.

„Es macht abhängig“ ...... sagen die Gegner. „Na und?“ denke ich. „Ist das bei den Tabletten anders?“

Der alte Herr bekommt von uns monatlich 100 Euro zugesteckt. Für Medikamente. Der Rest ist Schweigen.

Zwillingsbruder von Pippi

Der kleine Kerl schleicht jeden Tag in der Nähe unseres Büros herum. Vielleicht fünf oder sechs Jahre. Ein lustiges Gesicht. Sommersprossen und knallrote Haare. Hat Pippi Langstrumpf einen Zwillingsbruder?

Ich werde ihn fragen, was mit ihm los ist. Aber da klopft er auch schon an die Bürotür. Es ist Winter. Kalt. Der kleine Kerl ist durchgefroren. Im Büro kochen wir ihm einen heißen Kakao. Einen Riesenbecher. Der Junge strahlt.

„Warum bist Du nicht zu Hause oder im Kindergarten" – frage ich ihn. „Der Kakao schmeckt aber lecker" antwortet er ausweichend. Ich sage nichts. Der Kleine hat es plötzlich eilig, will gehen. Mir ist klar – er fürchtet weitere Fragen.

Am nächsten Tag ist er wieder da. Verweinte Augen – und diesmal redet er. „Die Kinder im Kindergarten ärgern mich immer. „Rote Haare, Sommersprossen sind des Teufels Volksgenossen. Das rufen sie mir nach. Auch wenn die Kindergärtnerin es ihnen immer wieder verbietet". Seiner Mutter sagt er davon nichts. „Sie hat ja auch rote Haare und Sommersprossen. Dann ist sie traurig". Was soll ich machen? Mama kann da wenig ausrichten. Da bleibt nur eins. In den Kindergarten gehen. Die Kindergärtnerinnen sind einverstanden. Ich habe mir etwas Besonderes einfallen lassen. Pippi in Taka-Tuka-Land bei den Negerlein. Ein 8 Jahre altes Mädchen aus der Nachbarschaft kommt mit. Verkleidet als Pippi Langstrumpf. Riesige Schuhe, verschiedene Strümpfe und einen Strohhut – halb so groß wie ein Wagenrad. Gegen die afrikanische Sonne in Hamburg. Die Kinder staunen. Dann lese ich vor. Pippi macht einen Haifisch k.o. und wirft ihn weit aufs Meer hinaus. Strafe muß sein. Er wollte kleine Kinder fressen. Pippi nimmt es nicht nur mit Haifischen auf. Auch Einbrecher und den

Muskelmann aus dem Zirkus macht sie zur Schnecke. Schließlich ist Pippi das stärkste Mädchen der Welt.

Und Sommersprossen – plus rote Haare. „Kinder mit roten Haaren sind immer etwas Besonderes“ flunkere ich den Kindern vor. Das sieht man ja an Pippi. Da steht der kleine Paule auf, geht zu Jürgen, meinem kleinen David, dem Sommersprossen-Jungen. Er faßt die Haare der mitgebrachten Pippi an, dann die von David. Erstaunt sagt er: „Die sind ja gar nicht heiß wie Feuer“.

„Wenn Du wieder zu uns kommst und uns etwas von Pippi Langstrumpf vorliest – dann rufen wir auch nicht mehr – Rote Haare, Sommersprossen sind des Teufels Volksgenossen“. Eine kleine Erpressung – aber ich sage Ja.

Eine Woche später wieder Besuch von David. „Die Kinder ärgern mich nicht mehr“ – sagt er glücklich und schielt auf die Kakaotasse.

Inzwischen habe ich mich ein wenig sachkundig gemacht – über rote Haare.

Nur zwei Prozent aller Deutschen haben rote Haare. Gen-Defekt. Hört sich aber nur schlimm an. Ist es aber nicht. Jedenfalls heute nicht mehr. Ganz anders im Mittelalter. Da hielt man Rothaarige für Hexen oder Gesandte des Teufels. Sie endeten fast immer auf dem Scheiterhaufen. Rothaarigen Menschen fehlt im Körper das sogenannte Melanin im Blut. Der bestimmt Haut-, Haar- und Augenfarbe. Das ist alles.

Und wieder David im Büro. Triumphierend sagt er: „Dem habe ich eine gedonnert, dem Klaus. Er wollte mich wieder ärgern“. Ich muß lachen.

Zum Geburtstag schenke ich meinem kleinen David alle Pippi-Langstrumpf-Bücher.

Rocco will nach Afrika

Rocco will nach Afrika. Mama und Papa sind dagegen. Rocco ist Apotheker. Italiener. Er wohnt in Südtirol. Antonio, sein Vater, ist Arzt. Patricia, die Mama, Ärztin. Sie möchten, daß Rocco in Bozen eine Apotheke eröffnet, haben schon Finanzierungs-Angelegenheiten mit der Bank besprochen. Da paßt Afrika nicht ins Konzept. Ich frage Rocco „Warum Afrika?“. „Ich will Erfahrung sammeln, meinen Horizont erweitern – und vielleicht kann ich in Afrika auch Menschen helfen, die dringend Medikamente benötigen – sie aber nicht bezahlen können“ – sagt er.

Rocco fragt mich, ob ich helfen kann – mit einem Jahr Afrika. Kann ich. Namibia. Dort habe ich gute Kontakte. Über den „Hilfsverein Menschen in Not“ der Deutschen Konservativen unterstüzen wir das letzte deutsche Altenheim in Lüderitz, eine Blindenschule, die namibische Krebsvereinigung und, und, und ......

Vermitteln ein Jahr Namibia – das könnte der gute Wolfgang Fiedler, Vorsitzender der Namibia-Hilfe.

Wolfgang Fiedler kennt die ehemalige deutsche Kolonie wie seine Westentasche. Keiner hat dort soviel geholfen wie er und seine Frau. Brunnen haben sie finanziert, Schulen gebaut, begabte Kinder gefördert. Die Hilfe geht in die Millionen. Wolfgang Fiedler war im diplomatischen Dienst. Einen Großteil seiner Pension steckt er in die Hilfe für Namibia.

Wolfgang Fiedler sagt sofort zu. Roccos Eltern sind nicht glücklich darüber. Aber Rocco ist 30 Jahre alt. Studium in Deutschland, guter Abschluß. Angst der Eltern, daß dem „Kind“ in Afrika etwas passieren könnte. Ganz ungefährlich ist es für Weiße nicht in Namibia. Die Kriminalität ist hoch. In der Hauptstadt Windhuk – bei Einbruch der Dunkelheit – besser nicht auf die Straße gehen. Ausgerechnet Papa Antonio hat die größten Bedenken. Dabei hat er als junger Kerl die verrücktesten Sachen gemacht. Meist war ich dabei. In Togo badete er in einem See, obwohl vor Parasiten im Wasser gewarnt wurde. Ein Wunder, daß er nicht krank wurde. In Rumänien waren wir mehr als einmal in höchster Gefahr. Der Kommunismus war zusammengebrochen. Ein Menschenleben – das zählte nicht viel. Zigeunerbanden machten das Land unsicher. Polizei? Kein Gehalt. Warum sollten sie sich in Gefahr bringen?

Ich erinnerte Antonio an unsere Abenteuer. Und schließlich einigten wir uns auf einen Kompromiß. Rocco fliegt mit dem Ehepaar Fiedler für vier Wochen nach Namibia. Da kann er afrikanische Luft schnuppern und selber auskundschaften, ob es Sinn macht, für ein Jahr nach Namibia zu gehen. Antonio gibt seinem Sohn noch den Rat: „Laß Dich nicht mit schwarzen Frauen ein". Ich kann mir das Lachen kaum verbeißen. Ausgerechnet Antonio. „Bitte, Joachim – sag nichts" ...... bittet er mich. Ich schweige – und Rocco wird Afrika sehen.

Der Haß von Franz Schönhuber

„König der Bettler“ nannte mich abschätzig Franz Schönhuber, ehemaliger Chef der Republikaner und Journalist – wie ich. Der längst verstorbene Schönhuber haßte mich aus vollem Herzen und prügelte wie wild auf mich ein. Ich habe mich dazu nie geäußert. Ich hatte keine gute Meinung von ihm. Erst bei der Waffen-SS, dann bei den Münchner Sozis, schließlich „glühender“ Strauß- und CSU-Anhänger. Seine Liebe zu Strauß hatte einen handfesten Grund. Schönhuber, stellvertretender Chefredakteur des Bayerischen Rundfunks, wollte Intendant des Senders werden. Ein langjähriger Berufskollege und Freund von mir arbeitete mit Schönhuber in einer Redaktion. Der war – gelinde gesagt – alles andere als ein guter Chef. Es gab nur eines für ihn: Immer auf dem richtigen Dampfer – Karriere über alles.

Bei einem Treffen in München fragte mich Strauß, was ich von Schönhuber halte. Das machte ich. Ein Mitarbeiter von Strauß, der dabei war, hielt nicht dicht – und Schönhuber erfuhr von ihm, was ich Strauß gesagt hatte. Sicherlich war meine Meinung nicht entscheidend, für das Nein von Strauß zu den Wünschen von Schönhuber.

Aber er rächte sich bei mir in einem seiner immer von Bitterkeit durchsetzten Bücher, warf mir darin vor, den Patriotismus der Deutschen zu mißbrauchen. Ein Blödsinn.

Verletzte Eitelkeit – auch das spielte eine Rolle. Schönhuber wollte mich und Michael Stange für die Republikaner gewinnen. Michael sollte Vorsitzender der „Republikanischen Jugend“ werden. Wir lehnten beide ab. Zum Abschied gab Schönhuber uns nicht einmal die Hand.

Den Namen „König der Bettler“ muß ich nicht verstecken. Im Gegenteil. Ich trage ihn mit Stolz. Als Vorsitzender der Hilfsvereine „Menschen in Not“ und der „Aktion Reiskorn“ durfte ich im Laufe vieler Jahre rund 100.000 Menschen helfen. Darauf bin ich stolz. Von Schönhuber ist nicht viel geblieben. Außer ...... Ja – und das ist wirklich ein Verdienst von ihm. Er war es, der Thomas Gottschalks Talent für die Mattscheibe entdeckte.

Putze Karla und König Richard

Karla Drechsler hat gestohlen wie eine Elster. Erst wunderte ich mich, daß eine alte Blumenvase verschwunden war und fragte Karla „Haben Sie die Blumenvase weggestellt?“ Karla, meine Reinemachefrau bei der BILD-Zeitung Bremen und in meiner Wohnung, sah mich treuherzig an, sagte nur: „Nein, hab ich auch nie gesehen“.

Wird sich schon wieder anfinden – dachte ich. Dann waren drei alte Sammeltassen verschwunden, Tage später drei silberne Löffel.

„Das kann nur Karla gewesen sein“ – sagt meine liebe Sekretärin, Lissi Rohdenburg. Demonstrativ ließ ich auf dem Wohnzimmertisch 500 D-Mark in kleinen Scheinen liegen. Als Karla mit dem Putzen fertig war, zählte ich das Geld. Immer noch 500 Mark. „Ich wußte doch, daß Karla nicht klaut“ – verteidigte ich sie. „Die Frau ist 67 Jahre alt und auf den Job angewiesen – bei ihrer kleinen Rente. Das wird sie doch nicht aufs Spiel setzen.“

Aber dann verschwand auch eine kleine Rollei-Kamera, ein Weihnachts-Geschenk von Axel Springer. Kein anderer in der Wohnung – es konnte nur Karla gewesen sein. Als ich sie auf die verschwundene Kamera ansprach, fing sie an zu weinen. „Ich kann nicht anders. Ich muß´es einfach einstecken.“ Ich gab Karla noch eine Chance, verstand auch nicht ganz ihre Entschuldigung „Ich muß es einfach einstecken“. Die geklaute Vase, die Kamera und, und, und ...... sie brachte am nächsten Tag alles zurück. Darunter auch so Dinge wie eine Schöpfkelle, Wollsocken, ein hölzernes Stopfei und einen Teil meiner Briefmarken-Sammlung. Stein und Bein schwor sie „Ich werde nie wieder etwas stehlen. Am nächsten Tag war ein Paar Stiefel verschwunden. Ich mußte Karla entlassen.

„Joachim – die Frau ist krank, Kleptomanie“ – meinte mein Freund Oskar aus Lübeck, mit dem ich darüber sprach. Oskar klärte mich auf.

Kleptomanie ist eine psychische Krankheit, die zu rund 75 Prozent bei Frauen zu finden ist. Kleptomanen sind vor einem Diebstahl seelisch stark erregt, voller Emotionen. Kleptomanie ist eine Sucht – wie Spiel- oder Drogensucht – oder der Zwang, Feuer zu legen. Fachärzte nennen das Störung der Impulskontrolle. Meist beginnt diese Krankheit schon im Alter von fünf Jahren. Nur selten nehmen Kleptomanen psychiatrische Hilfe an. Sie schämen sich. Oft sind es völlig nutzlose Dinge, die sie stehlen. Das Diebesgut verschenken oder horten sie.

Vier Wochen nachdem ich Karla entlassen hatte, rief mich Frau Kraft an. Verkäuferin eines Edel-Kristall-Geschäftes im Erdgeschoß des Hauses in Bremen, Am Wall 148 – wo auch das BILD-Büro und meine Wohnung war. „Herr Siegerist – wir haben die Freundin von Richard Boljahn beim Klauen erwischt. Wir hatten sie schon lange in Verdacht. Immer, wenn sie bei uns reinkam, war irgendetwas verschwunden. Das müssen sie in BILD bringen“.

Richard Boljahn – einst mächtigster Mann in Bremen. Fraktionsvorsitzender der SPD im Landesparlament, DGB-Chef und Chef der Wohnungs-Baugesellschaft Neue Heimat. Wenn ihr nicht wollt die rote Brut – dann seid vor Boljahn auf der Hut ...... dichteten CDU-Aktivisten – und ich fand es gut. Boljahn – ein rotes Tuch für mich. Paradebeispiel von rotem Filz.

Einen ziemlich unrühmlichen Abgang hatte er. Verwickelt in krumme Bau- und Grundstücks-Geschäfte. Ganz Bremen fiel über ihn her. Auch Genossen, die ihm Amt und Würden zu verdanken hatten. Fast hatte ich Mitleid mit

„König Richard“, wie ihn Bremen auf dem Höhepunkt seiner Macht nannte.

Ich rief ihn an ...... „Ihre Lebensgefährtin hat gestohlen. Bei Lilac, dem Kristallgeschäft bei mir im Haus“. Funkstille in der Leitung, dann diese Sätze „Ich weiß, daß Sie mich hassen, Herr Siegerist. Aber ich bin doch weg vom Fenster. Bitte, ersparen Sie mir den Kummer und die Schande. Meine Freundin ist Kleptomanin. Sie kann nicht anders.“

Und was ich nie von mir zum Thema Boljahn erwartet hätte – ich bekam Mitleid mit dem einst so mächtigen Mann. Ich ließ die Klau-Geschichte seiner Freundin unter den Tisch fallen, brachte nicht eine Zeile darüber in BILD.

Wenn ich mit meinem Auto von Bremen nach Hamburg fahre, komme ich kurz vor der Autobahn in der Trabantenstadt Neue Vahr vorbei. Boljahn-Häuser – Neue Heimat. Da ist auch eine nach Richard Boljahn benannte Straße. Sehe ich die Straßenschilder – dann denke ich an meine Putze Karla und an König Richard, den alten roten Haudegen.

Der Strich und die Ordensschwester

Nach diesem Satz sehe ich schon die entsetzten Gesichter. Trotzdem sage ich es: Ich habe große Sympathien für thailändische Strichmädchen in Bangkok. Ich gebe ihnen sogar Geld! Bevor Sie den moralischen Zeigefinger erheben – hören Sie mir einen Moment zu. Ich bin in vielen Bordellen gewesen – da saßen die Mädchen hinter einem Schaufenster – versehen mit einer Nummer – Preis für eine Stunde? Mit oder ohne „Extras"? Das ist von der Puff-Mutter zu erfragen. Und in einem dieser Bordelle traf ich einen katholischen Priester ...... Es kommt alles anders, als Sie glauben. Der katholische Priester wird von den Bordell-Besitzern gehaßt. Er spricht die Schaufenster-Mädchen nach Feierabend an und versucht, sie in ein normales Leben zurückzubringen. Die Mädchen sitzen nicht aus Freude wie Handelsware hinter dem Schaufenster. Ausnahmslos aus armen Familien kommen sie. Von ihrem Monatsverdienst lebt die Familie, können die Geschwister Schulen besuchen – und niemand muß hungern. Muß man deswegen auf den Strich gehen? Ich habe arme Familien in Thailand gesehen, die hungern schon ihr ganzes Leben. Ich habe auch Familien gesehen, bei denen Papa und Mama starben, weil ihnen das Geld für Medikamente fehlte. Leben unter den Brücken. Mehr Ratten als Menschen. Sie knabbern auch Babys an.

Und dann kommt da plötzlich ein freundlicher Mann und verspricht ein besseres Leben. 500 Euro im Monat – plus schöne Kleider und täglich so viel Essen wie man möchte.

Du hast nichts. Kein Dach über dem Kopf, nur Lumpen am Leib, einen ständig knurrenden Magen – keine Hoffnung, keine Zukunft. Und dann das Schaufenster im Bordell. Wer wirft den ersten Stein?

Der katholische Priester hat schon mehr als 100 Strichmädchen aus dem Bordell gerettet, oft nur mit hohen Ablösesummen – wie bei Sklaven. Gelingt es und sind die armen Geschöpfe nicht auch noch Heroin-süchtig – dann bekommen sie eine Ausbildung in allen möglichen Berufen und kommen zurück ins normale Leben. Diesem guten Priester helfe ich gern und oft beim Prostituierten-Freikauf.

Eine großartige Helferin hat er – die Ordensschwester Ponsri Maria. Bis vor 20 Jahren war sie selber ein Schaufenster-Mädchen mit Nummer. „Aber Gott hat mir einen Engel geschickt" – sagt sie und zeigt auf den Priester. Durch ihn kam sie zum Glauben. Als Küchenhilfe fing sie an, kochte warme Mahlzeiten für Straßenkinder. Nachts las sie christliche Bücher. Eines Tages behauptete sie: „Mir ist in der Nacht eine weiße Frau erschienen. Sie war wunderschön. Sie sagte mir: ‚Gehe Gottes Weg. Du kannst mehr'." Der Priester glaubte dem Mädchen nicht. Doch die weiße Frau kam wieder – sagte immer den gleichen Satz „Gehe Gottes Weg. Du kannst mehr."

Eine alte Ordensschwester der Salesianer in Bangkok: „Das Mädchen phantasiert nicht. Wir sollten sie probeweise im Orden aufnehmen." Schwere Arbeit wartete auf das Mädchen. Die Schwestern wollten sie prüfen. Sterbende trösten, schwere Kessel säubern, mit den Händen Wäsche waschen, obwohl es Waschmaschinen gab. Kein Klagen, kein Stöhnen – immer freundlich und mit einem Lächeln im Gesicht. Nach vier Jahren wurde sie als Schwester in den Orden aufgenommen. Sie ist wieder zu den Schaufenster-Mädchen zurückgekehrt. Aber nicht mit einer Nummer, sondern als Helferin für den katholischen Priester. Der ist überglücklich, sagt mir: „Die Mädchen hören natürlich eher auf eine ehemalige Kollegin als auf einen alten Priester".

Fast 200 Mädchen hat sie schon aus dieser Hölle befreit. Und ich denke da an einen mir sympathischen Priester, der sonntags in der Kapelle des Marien-Krankenhauses predigt und bei einem Gottesdienst den damals noch zahlreichen Ordensschwestern sagte: „Ich war heute bei den Freudenmädchen. Vielleicht finden sie doch noch zu Gott".

Oberin Gindrada ist mit ihren 78 Jahren eine weise Frau. Sie sagte ihren Mitschwerstern: „Er macht es richtig. Christus hätte nicht anders gehandelt".

Das Mönchlein und der Biber

Die Versuchung ist groß. Restaurant Piazza Romana in Hamburg. Ein Restaurant des großartigen Hoteliers Eugen Block, bekannt vor allem durch seine Steak-Restaurants „Block-Haus". Günstiges Mittags-Menue gibt es im Piazza Romana. Hin und wieder bin ich dort Gast – mit den Büro-Mitarbeitern. Ich könnte jeden Tag Spaghetti mit Tomatensoße essen – dazu reichlich Parmesan. Bedient werden wir so gut wie immer durch den jungen Matthias Braer und den kleinen Italiener Giuseppe Porrelli. Die Versuchung in diesem Restaurant ist heimtückisch. Sie heißt frisches, warmes Graubrot – mit eingebackenen Oliven. Kostenlos. Serviert in einem Bastkörbchen mit eingelegtem rot-weißen Deckchen.

Dazu ein Tellerchen mit Olivenöl – gewürzt mit frisch gemahlenem Pfeffer und Salz.

Die meisten Gäste bekommen ein Körbchen mit dem köstlichen Brot auf den Tisch gestellt. Bei uns stellen Giuseppe und Matthias immer gleich zwei hin.

Eigentlich gehen wir immer mit dem guten Vorsatz ins Piazza Romana „Heute kein Brot. Höchstens ein bißchen". Das Wort „bißchen" ist dehnbar. Wir dehnen es stark. Das Brot duftet, macht hungrige Mäuler schwach.

Büroleiter Murat greift zu – ohne schlechtes Gewissen. „Ich esse, was mir schmeckt". Alle anderen zieren sich ein wenig. Aber nicht lange. Aus den zwei Körbchen Brot werden fast immer vier. Murat genießt.

„Brot hat verflixt viele Kalorien" – sage ich ein wenig schuldbewußt. Murat schüttelt mit dem Kopf. „Ich denke, Ihr seid Christen" – sagt er. In der Bibel steht wörtlich

„Unser tägliches Brot gib uns heute. Seid Ihr für oder gegen die Bibel?“ Wer will schon sagen „Wir sind dagegen“. Warum sollten wie ein schlechtes Gewissen haben, wenn sogar die Bibel zum Brot-Essen ermuntert? Außerdem – selbst die streng nach dem Glauben lebenden Mönche im Mittelalter nahmen es mit den Eß-Vorschriften nicht allzu genau. In der Fastenzeit Fleischverbot. Biber gab es damals reichlich. Artenschutz? Keine Spur. Ein findiges Mönchlein erklärte ganz einfach „Biber – das sind Fische. Fleisch? Nein.“ Also beruhigen wir mit dem Mönchlein unser schlechtes Gewissen. Wenn die damals sogar in der Fastenzeit Fleisch aßen – warum wir nicht „unser täglich Brot“?

Mein Rotstift und Schutzengel

Wenn ich alles schreiben würde, was ich über die heutige Politik und die meisten Politiker denke ...... ich säße für Jahre im Gefängnis. Einmal war ich kurz davor. Jung war ich und forsch im Urteilen und Formulieren. Ich schrieb, was ich von Zigeunerfrauen halte, die ihre eigenen Kinder zum Betteln auf die Straße schicken. Die Fakten konnte mir keiner widerlegen. Aber die Formulierung ...... Ich fand drastische Worte für solche „Mütter", zu drastische. Fünf Jahre Gerichts-Prozesse. Am Ende: Rund zwei Jahre Gefängnis auf Bewährung und 20.000 DM Geldstrafe. Dabei hatte ich eher das Gefühl, daß der Richter nicht ohne Sympathien für mich war. Im Gegensatz zum Staatsanwalt. Er ließ zur ersten Verhandlung eine ganze Hundertschaft von Polizisten im Gericht aufziehen. Mit Siegerist stand ja ein besonders gefährlicher „Rechtsradikaler" vor dem Kadi.

Dutzende von Zeugen. Nicht einer, der gegen mich aussagte. Darunter auch solche, die davon berichteten, wie ich Zigeunerkindern aus rumänischen Waisenhäusern half, einen verkrüppelten Zigeunerjungen zur Operation nach Deutschland holte – und für einen anderen Zigeunerjungen eine persönliche Patenschaft übernahm, ihm in Österreich und Deutschland eine Ausbildung als Hotel-Fachmann finanzierte. Zählte alles nicht. „Nazi" bleibt nun einmal „Nazi".

Seit dieser Zeit formuliere ich vorsichtiger – zwar immer noch „politisch unkorrekt" – aber juristisch einwandfrei. Ein kleiner „Rotstift" sieht all meine Briefe, Bücher und Artikel vor der Veröffentlichung an. „Rotstift" so nennt sie sich selber. Ich lasse das Wort nicht gelten. Obwohl alles andere als eine fromme Kirchgängerin – für mich ist sie ein kleiner Schutzengel. Ein juristischer Schutzengel, der mit seinen Korrekturen und juristischen Gutachten seine Hände über mich hält. Die mutige, kleine Gisa Pahl aus Hamburg. Wie ich – sie wird flottweg als „Nazi“ tituliert. „Nazi“ oder „Rechtsradikaler“ – das ist ja wie eine Totschlage-Keule. Ganze Existenzen wurden damit vernichtet, das Ansehen kluger und mutiger Leute in den Schmutz getreten.

Auf meine gute Anwältin Gisa Pahl lasse ich nichts kommen. 25 Jahre arbeiten wir nun schon zusammen. Silberhochzeit.

Zwei volle Jahre bangte ich um ihre Gesundheit. Durch einen Zeckenbiß hatte sie sich mit der schlimmen Krankheit Borreliose infiziert. „Das muß eine linke Zecke gewesen sein“ – versuchte ich sie zu trösten – nicht besonders einfühlsam. Sie nahm es gelassen, sagte nur lächelnd: „Ich kenne ja Ihre Formulierungen“. Die Krankheit ist ausgeheilt, Gisa Pahl ist wieder ganz und gar der Rotstift, der Schutzengel. Ich bin sicher – sie hat mich vor schwedischen Gardinen bewahrt. Danke, liebe Frau Pahl.

Trotz des Königs Glatze

Wieso muß ich eigentlich noch zum Friseur gehen? Da ist nicht mehr viel. Mehr Platte als Haare. Trotzdem: Mein Friseur Marco vermittelt mir dic Illusion, daß da noch einiges zu schneiden ist. „Da ist ja allerhand, wird wieder Zeit, daß wir etwas rausschneiden." Und zugegeben – ich höre es nicht ungern. Männer, die behaupten, daß ihnen eine Glatze oder Fastglatze völlig schnuppe ist – die sagen nicht die Wahrheit.

Zum Glück kommt die Sache mit dem Haarausfall nicht über Nacht. Es beginnt damit, daß man irgendwann bemerkt – „hoppla, die Haare werden dünner". Mittelchen aus der Apotheke sollen dann helfen. Alles kalter Kaffee. Professor Ernst Ludwig aus Hamburg war ein international angesehener Dermatologe. Er sagte mir: „Derjenige, der ein Mittel erfindet, das die Haare wieder sprießen läßt – der verdient damit mehr als der Entdecker eines alle Krebsarten heilenden Forschers."

Professor Ludwig hatte gut reden. Auch mit über 80 hatte er noch volle Haarpracht. Bei mir entdeckte einer meiner Neffen – ich war 50 – „oh, Joachim bei Dir auf dem Kopf ist ein kleiner Flughafen. Da können Hubschrauber starten und landen". Aus dem kleinen Hubschrauber-Landeplatz wurde bis zum 65ten der „International Airport". Grünes Licht auch für den LUFTHANSA-Riesenvogel 747. Was soll man machen? Wäre ich jung – und hätte keine Haare mehr – ich wäre vermutlich Kunde bei einem Spezialisten für künstlichen Haarersatz. Andere Männer gehen weiter. Es gibt einen regelrechten Ansturm deutscher Glatzköpfe in den ärztlichen Praxen türkischer Spezialisten, die sich als Ärzte ein kleines Vermögen mit Haar-Verpflanzungen verdienen. Kosten für eine Haarverpflanzungs-OP rund

3.000 Euro. Zwei Operationen sind erforderlich. Eine gute Woche Kopfverband.

Nein, danke – das erspare ich mir. Mit meiner Platte habe ich längst Frieden geschlossen. Professor Ludwig sagte mir zu diesem Thema „Es ist nicht wichtig, was man auf dem Kopf hat, sondern was drin ist". Recht hat er.

Trotzdem überleben bei mir zwei Illusionen. Einmal Marcos Sprüche. „Da ist ja allerhand, wird wieder Zeit, daß wir etwas rausschneiden". Und eine andere Sache ist mir in Fleisch und Blut übergegangen. Als junger Kerl hatte ich lange, dunkelbraune Haare – und rutschten die Haarlocken ins Gesicht – schwupp – mit einer Handbewegung wieder zurück damit. Diese Handbewegung ist geblieben. Eine glatte Luftnummer.

Trösten wir kahlköpfigen Männer uns mit dem großartigen Schauspieler Jul Brynner. Jul Brynner ohne Glatze? Unvorstellbar. „Der König und ich" – seine Glanzrolle als der thailändische König Rama II. Ich habe mir diesen Film wohl dutzendfach angesehen. Trotz des „Königs" Glatze.

Meine leicht „durchgeknallte“ Grüne

Sie ist eine in der Wolle gefärbte Grüne, sie kann sich von nichts trennen – und deswegen sieht ihre Wohnung aus wie eine Müll-Sammelhalde. „Die ist balla, balla“ sagen die Nachbarn, weil sie auf dem Dach eines vierstöckigen Wohnhauses stand und Vögel verjagte, die dort Schmetterlinge fangen wollten. „Die Schmetterlinge sind hilflos“ – sagte die lebende Vogelscheuche.

Aber auch wenn sie eine wirklich verrückte Grüne ist – ich kann diese leicht „durchgeknallte“ Nachbarin gut leiden. Sie ist ehrlich – und sagt, was sie denkt. Auch bei ihren Parteifreunden macht sie aus ihrem Herzen keine Mördergrube. „Viele von Euch sind doch gar keine echten Grünen. Die sind nur in der Partei um Karriere zu machen.“ Wie könnte ich widersprechen?

Eines Tages stand sie als verkleidetes Gänseblümchen auf dem Bremer Marktplatz – ein selbstgemaltes Schild vor dem Bauch „Schützt die Umwelt!“

An einem Sonntag im August eine bunte Torte vor meiner Haustür. „Auf gute Nachbarschaft“ stand darauf in Zuckerguß-Buchstaben. Als ich mich dafür bedankte – die kalte Dusche. „Sie sind zwar Faschist. Aber ein netter Faschist.“ Was für ein Kompliment ......

Demonstrations-Ratschläge wollte sie von mir haben. „Ich stelle mich mit einer Trommel vor das Haus des Bürgermeisters, mache kräftig Krach – und stelle ein Schild auf: Disteln sind mir lieber als Umwelt-Dreckspatzen.“ Ich hielt diese Idee für nicht so gut. Sie machte trotzdem ihre Demo. Die Frau des Bürgermeisters lud sie zu einer Tasse Tee ein – ermunterte sie „Gut so – machen Sie weiter. Aber bitte etwas leiser trommeln“.

Wie stolz war meine grüne Dauer-Aktivistin, als sie in einem kleinen Bremer Käseblatt als Trommlerin für die Umwelt abgebildet wurde. Wäre ihr da nur nicht die verrückte Idee in den Kopf gekommen, vor dem Rathaus eine Karre Mist auszuschütten. „Das ist die Umweltpolitik von Bremens Regierung, die bis zum Himmel stinkt." Die Polizei rückte an und drohte ihr ein Bußgeld an, wenn sie den Mist nicht wieder auf die Karre nähme und zurück zum Bauern bringe, von dem sie die stinkende Ladung geschenkt bekommen hat. Doch jetzt bekam sie Ärger mit mir. Sie wollte die Mistkarre im Müllraum des Hauses zwischenlagern. Mit wenig freundlichen Worten ranzte ich sie an. „Faschist bleibt eben doch Faschist" ...... grummelte sie vor sich hin.

Lehrerin ist meine grüne Nachbarin. Es gab zwar schon Beschwerden von Eltern, die nicht wollten, daß sie im Unterricht Reklame für die Grünen macht. Aber die Schulleitung schwieg. Sie ist die beste Lehrerin der Schule. Jeden Tag gibt sie kostenlosen Nachhilfe-Unterricht für schlechte Schüler. Die Schüler ihrer Klasse gehen für sie durchs Feuer.

Im Treppenhaus traf ich sie. Und ich war doch ein wenig traurig, als sie mir sagte: „Ich ziehe in zwei Monaten aus. Wir haben uns mit einigen Parteifreunden zusammengetan, wollen in einem von uns selbstgebauten Umwelthaus leben. Mit eigenem Brunnen und Solarzellen auf dem Dach. Das Haus wird aus Baumstämmen gebaut."

Wie lange das gutgehen wird? Ich vermute keine sechs Monate.

„Besuchen Sie uns, wenn das Haus fertig ist. Ich sagte „Ja" – ob ich es mache? Ich weiß noch nicht. Die Alte ist bekloppt – aber ich werde sie vermissen. Grün bis auf die Knochen. Aber irgendwie hatte ich sie doch gern.

Mein Freund Strups aus Chile

Das war Liebe auf den ersten Blick. Ein kleiner, wuscheliger Straßenköter aus Santiago de Chile. In einem Park am Rande der Stadt lief er mir über den 'Weg. Grau, schwarz. Borstige Haare. Augen zum Steinerweichen. Er sah mich, lief mir entgegen, blieb vor mir sitzen, wedelte mit dem Schwanz ...... sagte mir in seiner Hundesprache: „Hier bin ich. Wir gehören zusammen. Ich bleib bei dir".

Kinder und Hunde ...... da werde ich schwach. Santiago de Chile. Drei Tage Aufenthalt. Ich ahnte schon – das kann nicht gut gehen. Erst einmal kaufte ich dem kleinen Strups Hundefutter. Reichlich.

Der kleine Kerl war ausgehungert, verschlang alles. Beim Fressen ließ er mich nicht aus den Augen. Ich ging einige Meter. Er hinterher. Ich versuchte ihm schnell davonzulaufen. Er war schneller. Zwei wichtige Termine hatte ich. Das störte meinen kleinen Freund nicht. Er blieb. Ich verschwand zum ersten Termin in einem großen Häuserblock. Als ich nach zwei Stunden wieder rauskam ...... Strups wartete. Ins Taxi steigen, davonfahren? Ich brachte es nicht übers Herz.

Bis zum nächsten Termin noch drei Stunden. Hundesalon. Gibt es auch in Santiago de Chile. Unter die Dusche, sicherheitshalber Anti-Floh-Mittel. Dann ein blaues Halsband. Dazu passende Leine.

Da sitz ich nun in Chiles Hauptstadt. Hotelzimmer, drei Tage Aufenthalt – einen weiteren Termin ...... und Strups.

Mit nach Deutschland nehmen? Geht nicht. Die Genehmigung dafür ist in drei Tagen nicht zu bekommen.

Ich drehe mit meinem vierbeinigen Freund noch einige Runden im Park. Ein Obdachloser kommt uns entgegen – und es geschieht ein kleines Wunder. Strups läuft auf ihn zu, springt an ihm hoch, leckt seine Hände. Ich verstehe kein Spanisch. Aber soviel ist mir klar: Der Hund gehört zu dem Obdachlosen. Staunend betrachtet der Mann das feine Halsband, die blaue Leine. Ich bin glücklich. Strups sieht mir nach, als ich gehe. Er läuft aber nicht hinterher – nur ein kurzes „Wuff". Hunde-Danke-schön für Verpflegung und für die Moneten, die ich dem Besitzer meines garantiert Floh-freien Freundes aus dem fernen Chile in die Hand gedrückt habe.

Die wunderbare Geschichte von Herrn Sorgenfrei

Diese Geschichte ist zu schön. Ich hab sie vor Jahren schon einmal in einem Buch geschrieben. Aber für alle, die sie noch nicht gelesen oder vergessen haben – hier noch einmal:

Herr Sorgenfrei ruft mich an. Johannes Sorgenfrei aus Hamburg. Broschüren und das DEUTSCHLAND-Magazin möchte er haben. „Ich stecke sie beim Spazierengehen in die Briefkästen“ sagt er. „Jeden Tag gehe ich ungefähr zwei Stunden durch die Straßen. Hält mich fit“.

Ich kenne Herrn Sorgenfrei nur vom Telefon. Der Stimme nach zu urteilen – so um die 50 oder 60 Jahre alt.

Herr Sorgenfrei fragt mich nach meinem Alter. 65 war ich damals. „Ein Kind. So jung“ ...... sagt Herr Sorgenfrei. Scherzbold – denke ich. „Der ist doch ungefähr in meinem Alter“. Den Tod seiner Frau vor 30 Jahren hat Herr Sorgenfrei nie überwunden. „Sie war noch so jung“ – sagt er. „Aber sie war oft krank. Das Herz“.

„Wie steht es um Ihre Gesundheit?“ ...... frage ich höflich. „Ach, es geht so, Herr Siegerist. Ganz so jung bin ich ja auch nicht mehr. Bis vor 6 Monaten brauchte ich keine Brille. Aber nun mußte ich doch zum Augenarzt. Eine Lesebrille hat er mir verordnet. Auf der Straße brauche ich keine. Ja, ja ...... das Alter.“ „Was ist das Problem, wenn man mit 50 oder 60 eine Lesebrille tragen muß?“ ...... denke ich.

Irgendwann frage ich Herrn Sorgenfrei nach seinem Alter. Die Antwort haut mich fast um. „Wissen Sie, Herr Siegerist – ein junger Hüpfer bin ich nicht mehr. In diesem Jahr werde ich 103 Jahre alt“. Ich glaube es nicht, denke – der macht einen Scherz. Pustekuchen. Der gute Johannes aus Hamburg mit dem wunderbaren Namen Sorgenfrei ...... er ist wirklich 103 Jahre alt. Damals. Sein genaues Geburtsdatum: 29. März 1911! Herr Sorgenfrei braucht eine Lesebrille. Mit 103. Lieber, guter Herr Johannes Sorgenfrei. Ihre „gesundheitlichen Sorgen – die möchte ich haben“. Wir erzählen uns im Büro häufig diese Geschichte – und immer wieder ...... wir müssen schallend lachen.

Übrigens – Herr Sorgenfrei wurde fast auf den Tag genau 106 Jahre alt. Er schlief ruhig in seinem Bett ein. Vorher hatte er noch seinen üblichen Spaziergang gemacht und unsere Broschüren in Briefkästen gesteckt. Herr Sorgenfrei – wie könnte ich den vergessen ......

Rauhe Sitten

Kein fliegender Teppich aus dem Orient, auch nicht der Teppich, in dem sich Kleopatra angeblich einwickeln ließ, um sich zum geliebten Caesar vorzuschummeln. Der Teppich, von dem ich berichte, war lebendig, konnte sich sogar ein ganz klein wenig bewegen und sprechen. Der Teppich kommt aus der lettischen Hauptstadt Riga – und das ist seine Geschichte:

Kaufhaus „Labi un leti“ – auf deutsch „Gut und billig“. Nach dem Zusammenbruch des Kommunismus in Lettland wurde ich fast über Nacht Besitzer eines dreistöckigen Kaufhauses im Zentrum von Riga. Großes Interesse daran hatte ich nicht. Mich interessierten nur die Einnahmen, mit denen ich meine politische Arbeit gegen die Kommunisten und meine soziale Arbeit finanzierte.

„Gut und billig“ war das erste lettische Kaufhaus nach der Wende mit westlichen Waren. Das Geschäft brummte. Kunden kamen massenweise. Diebe auch. „Wenn ein altes Mütterchen sich etwas stibitzt, macht die Augen zu, und tut so, als habt ihr nichts gesehen“ – hatte ich meinen Mitarbeitern vom Verkaufspersonal gesagt. Das sprach sich rum. Motto: „Bei Siegerist kannst du klauen – der Chef hat nichts dagegen“. Irgendwann wurde es zu bunt mit der Klauerei. Kaufhaus-Detektiv hieß es nun. Nachrevolutionäre Zeiten sind immer chaotische Zeiten – und meist lassen die Menschen die Fünfe grade sein. Es war normal, daß unsere Detektive richtige Polizei-Uniformen trugen. Sie waren Polizisten, beim Staat angestellt. Aber nebenbei jobten sie in meinem Kaufhaus. Jeder wußte: Etliche Polizisten sind der Mafia mehr verbunden als der Sicherheit von Lettlands Einwohnern. Schon allein deswegen waren die Uniformierten gut. Die Mafia läßt die Mafia in Ruhe und somit auch mich. Außerdem: Der Ladendiebstahl wird weniger.

Als einziger Deutscher war ich ins lettische Parlament gewählt worden. Besonders wohl fühlte ich mich nicht in dieser Rolle. Kaufhausbesitzer und Parlamentarier. Ich liebe nur einen Beruf: Journalist. Pause im Parlament. Ich ging ins Geschäft. In meinem Büro ein zusammengerollter Teppich. Der Teppich bewegte sich wie eine Schlange. Ich machte große Augen. Dann kam aus dem zusammengerollten Teppich eine Stimme: „Laßt mich hier raus. Ich werde auch nie wieder etwas mitgehen lassen". Ein sprechender Teppich. Sascha – einer der Polizisten – klärte mich auf. „Der Kerl klaut schon seit Tagen im Geschäft, ist mit Fäusten auf uns losgegangen. Eigentlich wollten wir ihn verprügeln. Aber dann hätte am nächsten Tag in allen Zeitungen gestanden, daß bei Siegerist im Kaufhaus Kunden verprügelt werden. Da haben wir ihn einfach in den Teppich gewickelt. Sie müssen entscheiden, was wir mit ihm machen sollen. Wir würden ihn gern so richtig verdreschen, damit er ein für allemal weiß, daß bei „Gut und billig" nicht geklaut werden darf.

Rauhe Sitten, die im einstigen Ostblock herrschen. Oft noch heute. Was für uns „skandalös" ist ...... im Osten ist es „normal".

„Ich glaube, der kommt nicht wieder zu uns ins Kaufhaus. Einmal als Rollmops im Teppich – das vergißt der sein ganzes Leben nicht".

Glücklich waren meine Polizisten nicht damit. Aber sie rollten den Teppich aus und ließen den Ladendieb laufen. Ich sah noch grade wie Sascha ihm im Eingang einen Tritt in den Hintern verpaßte und mich freudig anstrahlte: „Das mußte sein, Chef".

Ich weiß, es wird einmal ein Wunder geschehn

Patricia Chiwawa ist ihr „Künstlername". Eine Schönheit. Lange, schwarze Haare, ein makelloses Gesicht mit großen, grünen Augen und eine Bilderbuch-Figur. Dezent gekleidet. Vom Schneider angefertigte Kostüme, immer eng geschnitten. Zur Betonung der Figur. Sängerin, Chefsekretärin oder vielleicht Stewardess bei der LUFTHANSA: Dachte ich. Neu eingezogen war ich in die Hamburger Mundsburg. Ein 29-Etagen-Haus mit angrenzendem Einkaufszentrum. Axel Springer hatte mir die Wohnung zur Verfügung gestellt. Sie war frei geworden als Professor Karl Schillers Beratervertrag beim Verleger ausgelaufen war. Der ehemalige SPD-Wirtschaftsminister hatte in der Mundsburg in der 25ten Etage gewohnt. Der Ausblick über Hamburg war sensationell schön.

Chiwawa wohnte in der 21ten. Im Fahrstuhl musterte sie mich nur von oben herab. Ich war ihr zu jung ...... Chiwawa – das hatte mir meine Nachbarin gesagt, bevorzugt nur ältere Herren. Graue Schläfen. Die hatte ich noch nicht, war ja nur knapp 30.

Aus sechs Wohnungen, die es sonst auf jeder Etage gibt hatte er eine gemacht. Eigentum. Es sprach sich schnell rum im Hochaus – Chiwawa hat ein Verhältnis mit dem Scheich. Ich glaubte es nicht, hielt die weibliche Schönheit für eine Dame – auch wenn sie mich ignorierte. Aber irgendwann traf ich im Fahrstuhl den Scheich mit Chiwawa. Ich drückte auf den Knopf 25, der Scheich auf 29, fuhr mit Chiwawa weiter. Der Scheich sagte „Auf Wiedersehen" – Chiwawa sah nur auf den Boden. Graue Kunststoff-Fliesen mit Noppen – gegen Ausrutschen.

Ich bin neugierig. Muß es sein. Journalist. Jetzt wollte ich mehr über Chiwawa wissen ...... und wurde fündig! Von wegen Stewardess – was ich vermutet hatte – oder Chefsekretärin. Chiwawa – die weibliche Schönheit – war ein Transvestit. Auf der Hamburger Reeperbahn leichtbekleidete Tänzerin im „in-Kabarett"-Pulverfaß. Mit ZDF-Moderator Gerhard Löwenthal ging ich eines Abends ins Pulverfaß. Großes Aufsehen. Wer hätte den Eisenfresser Löwenthal schon bei den Transen im Kabarett vermutet. Am besten fand er Zarah Leander mit ihrem Lied „Ich weiß, es wird einmal ein Wunder geschehn". Das Wunder geschah tatsächlich.

Über Lautsprecher die Ankündigung „Meine Damen und Herren, Ladys und Gentleman – wir präsentieren ihnen jetzt eine der schönsten Frauen der Welt, die legendäre und in der Welt einmalige brasilianische Schönheit Patricia Chiwawa". Die brasilianische Schönheit war 1942 im Hamburger Stadtteil Poppenbüttel-Ohlsdorf geboren ...... hatte ich herausbekommen. Chiwawa war schön – ihre Tanzdarbietung ein Trauerspiel. Sie hopste über die Bühne wie ein Fallschirm-Springer, der mit seinem Hinterteil versehentlich auf einem Kaktus gelandet war.

Trotzdem – die wohl 80 Gäste klatschten wie verrückt. Gerhard Löwenthal flüsterte mir zu „Hoffentlich keine Zugabe". Wir saßen weit vorne. Natürlich sah Chiwawa mich. Tat aber so wie „Du bist Luft für mich. Schließlich bin ich ein Star".

Zwei Wochen später wieder Fahrstuhl in der Mundsburg. Chiwawa kam grade aus der 29ten. Mit breitem Hamburger Dialekt fragte mich die „brasilianische" Schönheit „Na, wie hat es Dir gefallen?" Ich log sie an: „Sie waren großartig". Seitdem grüßte sie mich, sah nicht mehr auf die grauen Kunststoff-Platten mit den Noppen gegen Ausrutschen.

Ich wohne seit 32 Jahren nicht mehr in der Mundsburg. Chiwawa immer noch. Vor einigen Tagen traf ich sie beim Einkaufen in der Passage, die an die Mundsburg grenzt. Chiwawa hatte bei ALDI Grünkohl gekauft, grüßte mich freundlich. Das Gesicht starr. Maskengesicht. Schönheits-Operationen. „Bin knapp über 50“ ...... wollte sie mir weismachen. Ich ließ ihr die Freude, log zurück „Siehst gut aus Chiwawa. Jung und schön wie immer.

Auftritte im Pulverfaß? Vorbei. Wovon sie lebt? Der Scheich hatte ihr unendlich viel Schmuck geschenkt. Den verkauft sie. Stück für Stück – im Pfandhaus.

Ist der Schmuck weg – dann muß sich Chiwawa wohl mit Zarah Leander trösten und voller Hoffnung singen „Ich weiß, es wird einmal ein Wunder geschehn“.

Die Geliebte des Teufels ist auf der Suche nach Gott

Dana liebt es theatralisch. Rumänin mit übergroßem Herz und einer bunten – sehr bunten – Vergangenheit. Sie ist auf der Suche nach Gott. Dana war die Geliebte des Ceausescu-Sohnes Nico aus dem siebenbürgischen Hermannstadt. Er machte sie zur Rezeptions-Chefin des kommunistischen Vorzeigehortes „Römischer Kaiser" im Zentrum dieser herrlichen, deutschen Stadt in Rumänien. Dort lerne ich Dana kennen. Der Kommunismus war am Ende – Ceausescu und seine Frau Elena erschossen. Nico, Lebemann, Alkoholiker – aber nicht der schlechteste Charakter – der hatte sich bei seiner Festnahme vor Angst die Hosen vollgepinkelt. Weltliche Macht – zerplatzt war sie. Wie eine bunt in der Sonne schillernde Seifenblase.

Dana verlor ihren Job im Römischen Kaiser. Hysterischer Husten – oder wirklich krank? Tatsache ist – Dana hustete sich fast die Seele aus dem Leib. Ich holte sie nach Deutschland. Lungen-Spezialisten untersuchten sie. Einen medizinischen Grund für den Husten fanden die Ärzte nicht. „Ich bete zu Gott, daß ich gesund werde" – sagte Dana. Durch den Dauerhusten fand Dana keinen Job mehr. Was ihr blieb – eine kleine 1-Zimmer-Wohnung in der Altstadt – mit Plumps-Klo auf dem Hof und ihre 82 Jahre alte Mama. Kommunisten – nein, damit hatten Dana und die Mama nie etwas im Sinn. Pech nur, daß sie mir ihr Familien-Album zeigten. Darin auch Fotos von kommunistischen Aufmärschen. Dana untergehakt bei Nico Ceausescu – Danas Mamas geballte Faust in den Himmel gestreckt. Ich tat so, als hätte ich nichts gesehen. Auch Danas Mama hustete. Starke Raucherin. „Dana-Mama – hör auf mit dem Rauchen" – sagte ich. Sie nickte wie ein kleines Mädchen, flüsterte „Das verspreche ich Dir".

Mamas Mini-Rente – Dana ohne Einkommen. Eines Tages zeigte mir Dana einen prächtigen Brilliant-Ring. „Von meiner Patentante" – versicherte sie mir. Ich konnte es mir nicht verkneifen, fragte „Von der Patentante Nico?" Verkaufen wollte Dana den Ring, bat mich: „Vielleicht findest Du in Deutschland einen Käufer". Ich fand einen – und Dana bekam die stattliche Summe von 6.000 Euro – ein Vermögen in Rumänien. Als ich Dana unangekündigt das Geld in die kleine Hermannstädter Wohnung brachte – da war die Bude wieder voller Zigaretten-Qualm. Dana hustete wie immer. Mama qualmte Zigaretten, daß die ganze Bude vernebelt war. Wie ein beim Rauchen ertapptes Schulmädel drückte die Mama die Zigarette im Aschenbecher aus – voll mit Kippen.

Und natürlich kam dieser Satz: „Jetzt höre ich aber wirklich auf damit".

Glücklich zählte Dana die mitgebrachten Mäuse vom verkauften Ring der „Patentante", lud mich in ein kleines Café „am Ring" in Hermannstadt ein, dem traumhaft schönen, mittelalterlichen Marktplatz – und Dana öffnete mir ihr übervolles Herz. „Ja – ich war die Geliebte von Nico Ceausescu. Wenn er nicht betrunken war – dann hatte ich ihn sogar gern. Durch ihn hatten Mama und ich ein gutes Leben".

Dana fiel tief. Nach der Kommunistenzeit wurde sie gemieden. Jeder ging ihr aus dem Weg. „Dann traf ich Dich", weint Dana – „Du hast mich wie einen Menschen behandelt, nicht nach meinem Vorleben gefragt". Die Sätze sind mir ein wenig peinlich. Ich finde es normal, daß Menschen in Not geholfen werden muß. Dana möchte wiedergutmachen. Ich helfe ihr finanziell dabei, daß sie einsame, kranke und alte Menschen aus der Nachbarschaft betreuen kann. Seitdem hustet sie kaum noch und sagt: „Ich hoffe, daß mir unser Herrgott verzeiht, daß ich mit dem Sohn eines Teufels gelebt habe".

Nach dem Café bringe ich Dana nach Hause in die kleine Wohnung. Da sitzt die Mama. Sie qualmt. Wie immer.

„In Schande“ leben – und „Bis daß der Tod Euch scheidet“

„Nein – die schon wieder“. Büroleiter Murat Temeltas sagt es leicht genervt. Dabei hat der gutmütige Murat eine Engelsgeduld. Aber unsere Nachbarin aus der Hamburger Beethovenstraße ist im Anmarsch. Da sind Nerven aus Drahtseilen gefragt. Eine halbe Stunde geht dabei immer drauf. Einsam ist sie eigentlich nicht. In der ganzen Umgebung bekannt wie ein bunter Hund. „Sabbeltasche“ sagen die Hamburger. In ihrem Haus mit acht Mietparteien ist ein junges Pärchen eingezogen. „Nicht verheiratet“ pustet sie sich auf. „Eine Schande“. Murat: „Das muß doch jeder selber wissen. Hauptsache – die zwei lieben sich“. – „I gitt“ antwortet die Sabbeltasche, und Murat muß lachen. Das heutige Klatsch-Thema zieht nicht. Sie merkt es, lenkt vom Thema ab – „Soll ich Euch wieder mal eine Käsetorte backen?“ „Nein“ als Antwort – das geht nicht. Obwohl jeder im Büro weiß, was das bedeutet. Nur zwei Tage später. Sabbeltasche geht an den Geschirr-Schrank. Ein Häkel-Deckchen hat sie mitgebracht. Die Telefone klingeln, der Postbote bringt einen Packen Briefe. Sabbeltasche deckt den Tisch. Sogar eine Warmhalte-Kanne voller Kaffee hat sie mitgebracht. „Um noch einmal auf meine neuen Mitbewohner zu kommen. Verheiratet sind sie ja nicht – aber eigentlich doch ganz nett. Sie ist Lehrerin, er Maschinenbau-Ingenieur.

Aber früher war das anders. Mein Mann und ich – wir bekamen erst eine Wohnung, als wir verheiratet waren. Zusammen wohnen und nicht verheiratet? Das gab es in unserer Jugend nicht“.

Ich höre mit halbem Ohr zu, denke an Opa Kaiser aus Bremen. Er wohnte uns gegenüber. Kapitän war er. Jetzt – mit fast 80 – eine gute Rente. Als Kind erzählte er mir oft von seinen Weltreisen. Ich glaubte alles, obwohl ich heute weiß – da war viel Seemannsgarn bei.

Jedenfalls bekam ich große Augen, wenn er mir erzählte, daü er noch Sindbad, den Seefahrer, getroffen hatte und Robinson Crusoe. Nur Pippi Langstrumpfs Vater – Negerkönig auf Taka Tuka Land – dem war er – was ich schade fand – nie begegnet.

Opa Kaisers Weltreisen waren nicht das Gesprächsthema in der kleinen Welt der Bremer Finkenau, wo wir wohnten. Opa Kaiser lebte „in Schande". Großes Thema für die Klatschweiber. Der alte Herr wohnte seit 10 Jahren mit seiner Jugendliebe zusammen – Tante Frieda. Nach dem Tod seiner Ehefrau hatte er Tante Frieda in Bremen gesucht. Opa Kaiser wollte nicht allein leben. Er hatte ja niemanden – außer seinem viel zu fetten, weißen Spitz Robby, von dem ich überall behauptete: „Robby ist so fett, weil er mit Kuchenteig gefüttert wird". Opa Kaiser hatte eine gute Rente, Tante Frieda auch. Im öffentlichen Dienst hatte sie fast 40 Jahre gearbeitet. Einen Mann? Nein – geheiratet hatte sie nie. Ihr Herz hing zeitlebens an meinem Opa Kaiser, den sie „Heinerich" nannte. Heiraten? Wozu? Das wollten die beiden Alten nicht. „Warum?" – sagten Opa Kaiser und Tante Frieda. Den Tratsch der Finkenau – da schalteten sie einfach auf „Durchgang".

Anders Opa Witte und seine Frau, die wegen ihres Ganges bei mir nur „Dackelchen" hieß – die waren schon länger als 50 Jahre verheiratet. Eine glückliche Ehe. Meine Schwester Karin aus Wiesbaden und mein Bruder Hans-Günther – die haben beide die 50 Ehejahre glücklich gepackt. Heiraten wird wieder modern in Deutschland. Es klappt nicht immer mit „Bis daß der Tod Euch scheidet". Rund ein Drittel aller Ehen gehen vorher in die Binsen. Ich bin immer wieder gerührt, wenn ich Ehepaare treffe, die von der Jugendzeit an – bis ins hohe Alter glücklich zusammen leben. Die Zeiten haben sich geändert. „In Schande leben" – das gilt heute nicht mehr. Und ich finde es gut. Trotzdem – schöner finde ich es doch, wenn ein Paar standesamtlich und kirchlich getraut ist. „Bis daß der Tod Euch scheidet" – so viel Vertrauen in diesen Worten. Ich finde sie ganz einfach wunderbar.

Wer wirft den ersten Stein?

Na, sagen wir es – milde ausgedrückt – mal so: Ning ist nicht unbedingt das, was wir uns unter einem „normalen" Mädchen vorstellen. Ein gefallener Engel – immerhin Engel. Wenn auch gefallen. Das hört sich einigermaßen gnädig an. Strichmädchen war Ning in Thailand. Jetzt ist sie Kellnerin in einem thailändischen Restaurant – ganz in der Nähe unseres Hamburger Büros. Ning ist verheiratet – mit einem Mann aus Kamerun, hat zwei Kinder. Rabenschwarz – aber gut erzogen, erstklassige Schüler. Wie alt mag Ning sein? Schwer zu sagen. Ning schminkt sich zentimeterdick. Trägt jemand die Schminke mit einem Spachtel ab, der sagt vermutlich: „Ning ist so um die 50".

Wir sind schnell mit unseren Urteilen. Strichmädchen? Daumen nach unten. Ich möchte nicht urteilen wie einst Willy Brandt. Der nannte nach dem Krieg deutsche Frauen, die sich mit US-Soldaten einließen, „Schokoladen-Dirnen" (Quelle – sein Buch „Deutsche und andere Verbrecher"). Brandt hatte gut reden. Er kannte keinen Hunger, trug eine norwegische Uniform. Überfluß. Hunger, Kälte, ausgebombt? Von wegen. Ich kann keine Menschen leiden, die vom hohen Podest aus den Moral-Apostel spielen.

Es war spät im Thai-Restaurant geworden. Fast 23 Uhr. Büroleiter Murat und ich – wir waren die einzigen Gäste. „Ning" – sagte ich – „Ning, erzähl uns ein wenig von Deinem Leben in Thailand." Einen Moment zögerte sie, sagte dann: „Wenn ich alles erzähle – dann werde ich rot". Ich konnte es mir nicht verkneifen, antwortete mit: „Macht nichts, Ning. Das verdeckt die Schminke".

Ning setzte sich zu uns. „Für mein Leben hat sich noch nie jemand interessiert" – sagte sie leise ...... und dann erzählte sie. Ning wurde vor 53 Jahren im nordöstlichen Teil von Thailand geboren. Armuts-Provinz. Sieben Kinder hatten die Eltern. Ning die Älteste. „Wir hatten Hunger“, sagt Ning. „Jeden Tag. Eine kleine Schale Reis gab es für jeden. Pro Tag. Sonst nichts. Vor Hunger nicht in den Schlaf kommen. Das war bei uns normal“. Wie jedes junge Mädchen: Auch Ning hatte Träume. Nicht Ärztin, Journalistin oder zumindest Krankenschwester im Kopf. Nein – nur diese Ideen: Nicht mehr in einer wackeligen Bambushütte wohnen, ausreichend zu essen und statt der ausgefransten Lumpen am Leib ...... so richtig schöne Kleider.

17 war Ning damals. Ning war Papas Lieblingskind. „Du bist so schön wie ein Engel“ ...... sagte er.

Amerikaner bauten in der Nähe von Nings Heimatstadt Surin ein Hotel. Papa sagte ihr: „Das ist vielleicht etwas für Dich. Eine Arbeit in der Küche oder Zimmer saubermachen.“ Ning bekam einen Job als Geschirr-Spülerin. 80 Mark im Monat. Täglich bis zu 16 Stunden. Aber Ning war glücklich. Essen gab es im Hotel umsonst. Manchmal konnte sie ein wenig Reis mit nach Hause nehmen. Den hatten Gäste zurückgelassen.

Von ihrem Monatsverdienst kaufte Ning für ihre Geschwister ein wenig Kleidung, Essen – fürs Schulgeld ihrer Geschwister reichte es nicht.

Es war fast Mitternacht als Ning Feierabend machte. Die Hände schmerzten vom ätzenden Spülmittel fürs Geschirr. Damals gab es noch keine automatischen Spülmaschinen in Thailand. Ein Hotelgast sprach Ning an: „Du bist schön“ ...... sagte er. „Du könntest in Europa auf den Titelbildern von Magazinen abgebildet werden. Ja, wirklich – Du bist eine Schönheit“. 17 Jahre. Fast noch ein Kind. Der Fremde verstand es, Ning mit schmeichelnden Worten auf sein Zimmer zu locken. Was da geschah – Ning möchte nicht darüber sprechen. Nur soviel: „Er gab mir 40 Dollar. Die Hälfte meines Monatslohns.“ Davon kaufte Ning für die Familie das erste Mal seit Monaten Fleisch. Hühnerfleisch und drei Säcke Reis.

„Wo hast Du das Geld her?“ – fragte Papa. Ning: „Das hat mir ein Tourist geschenkt“. Papa schwieg. Er war froh, daß seine Kinder nicht mehr hungern mußten. Der Tourist blieb vier Wochen im Hotel. Spendabel war er. 500 Dollar verdiente Ning bei ihm in diesen vier Wochen.

Ein Vermögen für Ning. Schulgeld für all ihre Geschwister und die in Thailand übliche blau-weiße Schulkleidung. Genug auch für die Schulbücher und Geld für die Herz-Medikamente der Mama. Papa ahnte es – woher das Geld kam. Mama fragte ihn: „Warum weint Ning in der Nacht manchmal?“ Papa schwieg.

Irgendwann verlor Ning den Hoteljob. „Private Kontakte“ mit Gästen – das war verboten. Zurück in die Armut? Ning schloß sich ausländischen Touristengruppen an. Besonderes Augenmerk auf ältere, männliche Touristen ohne Begleitung. Sagen wir es offen: Strichmädchen.

10 volle Jahre. Für die Familie eine gute Zeit. Schule, Ausbildung, neues Häuschen, keine materiellen Sorgen. Vor Hunger nicht in den Schlaf kommen – Vergangenheit.

Ein deutscher Tourist verliebte sich in Ning, wußte nichts von ihrem „Beruf“, hielt sie für eine Reise-Begleiterin. Der Deutsche nahm Ning „probeweise“ mit nach Hamburg. „Probeweise“ – so wie man sich einen Wagen ausleiht, um zu entscheiden „Den kaufe ich – oder den kaufe ich nicht“. Nach einem Jahr Heirat. Der Deutsche war ein guter Mann. Er verwöhnte Ning mit Geschenken. Blumen, Kleider, Schmuck. Ning liebte ihn nicht. Sie kannte keine echte Liebe. „Ich war doch nur käufliche Ware für die

Männer“ ...... sagte sie mir. „Ich hatte Ekel vor jedem Mann“ – so Ning. Das spürte ihr Ehemann. Nach zwei Jahren Scheidung. Ning lernte einen schwarzen Mann aus Kamerun kennen. Rassismus? In Thailand groß geschrieben. Schwarzer Mann und thailändische Frau? In Thailand heißt das – ausgestoßen. Aber der Mann aus Kamerun fragte nicht nach Nings Vergangenheit, bedrängte sie nicht, mit ihm ins Bett zu gehen. Ein wenig Funken Liebe war es bei Ning dann wohl doch. Sie bekam zwei Kinder.

Im Hamburger Thai-Restaurant fand sie gute Arbeit. Ihrem Mann ist sie treu. Ning – ein „gefallener Engel“. Wer wirft den ersten Stein?

Mit 50 Euro freigekauft

Im ersten Moment konnte ich ihn gar nicht erkennen. Ich sah nur eine gesteppte, dunkelgrüne Decke. Schuhgeschäft Prange am Hamburger Jungfernstieg. Große Schaufenster. Sonderangebote zu Weihnachten 2017. Heiligabend. Die Innenstadt ist leer. Ich mache einen Weihnachts-Spaziergang. Vorbei die vorweihnachtliche Hektik.

Eine schöne Wohnung, genug zu essen, liebe Freunde – und die Gesundheit – na ja ...... es geht. Ich bin aber zufrieden. Wieso kommen mir jetzt diese Gedanken in den Sinn? Das liegt an der dunkelgrünen Steppdecke. Sie hat sich bewegt. Ein Blondschopf kommt zum Vorschein. Obdachlos. Verurteilen Sie Obdachlose nicht zu schnell als „Penner". Ich kenne Obdachlosen-Schicksale, von denen keiner vermutet, daß es solche in Deutschland überhaupt gibt. Verlust des Arbeitsplatzes, Ehe gescheitert, Kündigung der Wohnung. Gibt es.

Und da liegt der junge Kerl nun vor mir mit seiner grünen Steppdecke auf dem kalten, steinernen Boden. Heiligabend. Ich gehe ein Stückchen weiter, mache meine Brieftasche auf und nehme einen 20-Euro-Schein raus, überlege einen Moment ...... und nehme einen Fünfziger. Weihnachten! Der blonde Struwelkopf macht große Augen. So um die 40 wird er sein. Pole. Wahrscheinlich hat er in Deutschland sein Glück gesucht und ist gescheitert. Endstation Straße. Er will mir die Hand küssen. Ist mir peinlich. „Frohe Weihnachen" sage ich, gehe weiter. „Schön, Du hast am Heiligabend etwas Gutes getan" ...... sage ich mir und habe ein gutes Gefühl dabei.

Doch plötzlich bekomme ich ein schlechtes Gewissen. 50 Euro in die Hand gedrückt. Frohe Weihnachten. Weitergehen. Aus. Die 50 Euro tun mir nicht weh.

Ich habe sie gern gegeben. Schenken – das macht mir Freude.

Läppische 50 ...... denke ich. Mit 50 Euro freigekauft. 50 Euro – guter Mensch. Das ist nicht großherzig. Es ist eher schäbig. Ich hätte den Mann zu mir in die Wohnung einladen sollen. Ein warmes Bad. Und einen Wintermantel. Ich habe drei davon. Wozu? Zumindest ein Pensions-Zimmer für die Weihnachtstage hätte ich ihm spendieren können.

Ich habe es nicht getan. Natürlich – von den 50 Euro kann er sich Lebensmittel für einige Tage kaufen, muß nicht hungern. Aber ist das genug? Klopfe ich mir mit dem „schäbigen" Fünfziger nicht selber auf die Schultern? Motto: Was bin ich doch für ein feiner Kerl.

Einige Tage später gehe ich wieder am Schuhgeschäft Prange vorbei. Keine dunkelgrüne Steppdecke mehr. Kein „Penner". Ein gutes Gefühl – das habe ich nicht mehr.

Ein Schneesturm im Hochsommer

„Huuuuuuuuuuuura. Es schneit". August 1957. Hochsommer. An die 30 Grad in der Sonne. Da waren Sommer noch echte Sommer und Winter richtige Winter. Aber mein Freund Manfred Guse aus der Steinstraße 6 in Kiel und ich – wir jubeln „Huuuuuuuuuuuura. Es schneit." 10 Jahre alte „Rotzlöffel" mit Dauer-Blödsinn im Kopf.

Computer gab es nicht. Phantasie statt Elektronik. Phantasie? Die hatten wir reichlich. Ich kam auf die verrückte Idee im Hochsommer Winter zu spielen. So richtig Winter. Wir setzten uns Pudelmützen auf und zogen Winterjacken an. Dann schnitten wir ein Kissen mit der Schere auf, schmissen die weißen Federn im Schlafzimmer immer wieder an die Decke und brüllten laut unser „Huuuuuuuuuuuuura. Es schneit". Klingeln an der Wohnungstür. Ich öffnete. Ursula Crusius auf der Matte. „Was ist bei Euch los?" ...... Ich voller Federn. Fand das toll. Wie ein Schneemann. „Wenn Deine Mutter nach Hause kommt und das sieht ......

Langsam dämmerte es mir ...... das gibt eine Tracht Prügel.

„Vielleicht kann ich helfen" – so die gutmütige Nachbarin. Staubsauger. Mit dem guten, alten Staubsauger von Vorwerk wurden die Federn aufgesaugt. So gut es ging wieder zurück in den Kissenbezug. Die „Crusikussen", wie wir sie nannten, nähte das aufgeschnittene Kissen wieder zu. Meine Mutter merkte nichts. Sie erfuhr nie, daß in unsserem Schlafzimmer im Hochsommer 1957 ein Schneesturm tobte.

Ich will nicht von der „guten, alten Zeit" anfangen und sagen, daß früher alles besser war. Aber Tatsache ist: Unsere Kindheit war schöner und abenteuerlicher als die heutiger

Kinder. Nach Schulschluß trafen sich Manni Guse und ich auf der Straße – und Tag für Tag dieselbe Frage: „Was machen wir heute?" Diamanten-Suchen zum Beispiel. Wir sammelten bunte Glasscherben, steckten sie in ein Leinen-Säckchen und waren sicher – „wir sind Diamanten-Besitzer."

Eine ganze Legion von Schutzengeln muß uns beim Höhlen-Graben beschützt haben. Mit Schaufeln buddelten wir an großen Bäumen im Düsternbrooker Gehölz in Kiel tiefe Löcher. Dann krabbelten wir rein und warteten auf „Waldzwerge". Wir waren sicher – die gibt es – und sie wohnen unter den Wurzeln alter Bäume. Aber da war kein einziger Waldzwerg. Trotzdem gaben wir unseren Glauben an die kleinen Wichte nicht auf und trösteten uns damit: „Waldzwerge – die sieht man nur um Mitternacht". Unsere Erdhöhlen waren so um die 3 Meter tief. Wären sie eingestürzt ...... Kinder haben wirklich Schutzengel.

Gern schreibe ich immer wieder über unsere Lieblings-Spielplätze – Trümmer-Häuser in Kiel. Fast die ganze Stadt lag nach dem Krieg in Schutt und Asche. Trümmerhäuser fanden wir toll. Unsere Hoffnung: Ein Skelett finden oder mindestens einen Totenkopf. Nichts von dem. Aber dafür entdeckten wir Wasserleitungen und alte Waschbecken aus Kupfer in den Ruinen. Beim Schrotthändler gab es für ein kupfernes Waschbecken 5 Mark! Anfang der Fünfziger eine stattliche Summe. Ungefähr der Tagesverdienst eines Arbeiters. Natürlich war das Diebstahl. Was sonst? Aber als Kinder sahen wir das anders. Die Trümmerhäuser betrachteten wir nicht nur als Spielplätze, sondern auch als unser Eigentum. Auch das Kupfer. Etwas anders sah das wohl der Schrotthändler. Immer der gleiche Ablauf: „Woher habt Ihr das Waschbecken?" Antwort: „Aus dem Keller von unserem Opa. Das ging einige Male gut. Irgendwann nahm uns der „Plünn-Mann" die Story mit dem Opa plus Keller nicht mehr ab.

Als wir ihm nach einem erneuten Waschbecken-Klau die übliche Frage stellten: „Wieviel bekommen wir dafür" ...... da fragte er wieder „Wo habt Ihr das her?" Wir hatten mit der Frage gerechnet und antworteten, wie aus der Pistole geschossen: „Von unserem Opa aus dem Keller". Antwort: „So viele Opas wie Ihr habt – die gibt es in ganz Kiel nicht. Arschvoll werde ich Euch verpassen – aber keine 5 Mark."

Mit hängenden Köpfen zogen wir ab. Ohne Waschbecken. Das hatte der „Plünnhändler" behalten und etwas vor sich hingemurmelt – wie „Das kommt zur Polizei". Von wegen ......

„Geklaut hat er es uns" ...... sagte ich empört. Unser eigenes Klauen war ja schließlich kein Klauen – aber der „Plünni" hatte nun „echt" geklaut. Kinder-Logik. Rache war angesagt. Der Plünnhändler hatte eine hölzerne Arbeitsbude mit Fenstern. Das Grundstück mit einem Bretterzaun umgeben. Fast 3 Meter hoch. Kein Hindernis für uns. Räuberleiter. Einer stand mit dem Rücken zum Bretterzaun, hielt die Hände zusammen. Eine Art Stufe. Der andere stieg darauf und zog sich am Zaun hoch und zog den anderen hinterher. Da lag unser Waschbecken. Gern hätten wir es wieder mitgenommen, zu einem anderen Schrotthändler gebracht. Aber mit dem schweren Waschbecken über den hohen Zaun. Das packten wir nicht.

„Der soll uns nicht vergessen" ...... sagte ich. Und dann ging alles ganz schnell. Mit herumliegenden Schrott-Teilen schmissen wir in der Bude die zwei Fensterschreiben ein. Dann in Windeseile wieder über den Zaun. Auf und davon.

Der sensationellste Spielplatz in Kiel war für uns der Keller des alten Kieler Schlosses. Eine Ruine. Dunkel und unheimlich. In der Dunkelheit gefürchtet? Logisch. Aber wer von uns Jungs hätte das schon zugegeben?

Taschenlampen hatten wir. Sie zeigten eine hohe Gips-Büste von Kaiser Wilhelm II. „Hier spukt es bestimmt …… sagte ich in der dunklen Stille, kicherte dabei – aber bekam bei dem Gedanken an kleine, böse Kaiser-Gespenster doch ein wenig Gänsehaut. Am Kaiser vorbei – weiter in die riesigen Kellerräume – das trauten wir uns nicht. Meine Mutter wunderte sich, daß ich in der Nacht beim Schlafen plötzlich um Hilfe schrie. In den Träumen kehrte er zurück – der weiße Gips-Kaiser im dunklen Keller des alten Kieler Schlosses.
Nein – ich will wirklich nicht sagen, daß für uns Kinder früher alles besser war. Aber spannender und abenteuerlicher – das war es mit Sicherheit.

Was ist schon ein Computer gegen „echte“ Gespensterlein im Keller des alten und zerbombten Kieler Schlosses?

Die alte Dame und der braune Kandis

Die alte Dame stand an der Ampel. Rot für Autos, grün für Fußgänger. Aber sie blieb stehen. Und noch einmal: Rot für die Autos, grün für die Fußgänger. Sie blieb immer noch stehen, sah sich dabei hilfesuchend um. Erst jetzt begriff ich. Die zögernde Frau hatte Angst, den Zebrastreifen zu überqueren. Sie ging am Stock, war wohl zu langsam für die Ampel und fürchtete sich – bei Rot fahren die Autos wieder los ......

Ich hakte die alte Dame ein, fragte höflich „Darf ich Ihnen helfen?" Sie strahlte über das ganze Gesicht, klemmte ihren Handstock unter den Arm und sagte „Den brauch ich nicht, wenn Sie mir helfen." Als wir auf der Mitte des Zebrastreifens waren, schaltete die Ampel auf Rot. Die Autofahrer warteten, bis wir das „rettende Ufer" erreicht hatten.

Die alte Dame drückte ganz fest meine rechte Hand und sagte leise: „Danke, daß Sie mir geholfen haben. Allein schaffe ich das nicht mehr. Ich bin 6 Monate nicht aus meiner Wohnung gegangen. Lebensmittel habe ich mir vom Botendienst des Kaufmanns bringen lassen. Aber immer nur in der Wohnung – das ist auf Dauer nicht so schön. Ich wollte wieder einmal selber einkaufen, Menschen sehen, ein ganz klein wenig Leben spüren. Darf ich noch 5 Minuten mit Ihnen gehen?" „Ich sagte nur Ja, und aus den 5 Minuten wurde eine halbe Stunde. Die alte Dame wollte reden. Endlich einer, der zuhört. Eigentlich hatte ich es eilig. Egal. Ich ging noch mit ihr einkaufen. Danach brachte ich sie nach Hause. 4 Etagen ohne Fahrstuhl. Mühsam für die alte Dame. „Mein verstorbener Mann hat die Wohnung vor 40 Jahren gekauft. Da hatten wir keine Mühe mit all den Etagen. Ans Alter gedacht? Nein – das haben wir nicht."

Zu einer Tasse Tee „mit braunem Kandis“ – wie sie ausdrücklich betont – lädt sie mich ein. Nur vier Häuser entfernt von meiner Wohnung – da lebt sie seit über 40 Jahren. Und erst heute hab ich sie zum ersten Mal auf der Straße gesehen. Gemütlich die kleine Wohnung. Als ich mich verabschiede, sagt sie ein wenig traurig: „Es wäre schön, wenn ich Sie noch einmal wiedersehen könnte.“ Ich verspreche es. „An einem Wochenende werde ich Sie in meine Wohnung einladen. Ich werde Tee für Sie kochen. Mit braunem Kandis.“

Eine Kerze für den „Mistkerl“

Er war ein Mistkerl, Alkoholiker, er bestahl seine Mutter – und um ihn einigermaßen zu bändigen, drohte ich ihm sogar Prügel an ...... „wenn Du noch einmal Deiner Mutter etwas klaust“. Lettland nach dem Zusammenbruch des Kommunismus, Anfang der Neunziger. Seine Mutter – Austra Steppe, eine Studienkollegin meines Vaters aus dem kleinen Balten-Staat. Sie hatte ein Horror-Leben. Ihr Ehemann – Polizeichef in der Kreisstadt Mitau – im einstigen Kurland. Als 1939 die Rote Armee in Lettland einmarschierte, nur Tage darauf wurde Austras Mann erschossen.

Irgendwann stürmten betrunkene Rotarmisten ihr Haus und vergewaltigten die Frau. Aus der Vergewaltigung entstand der schlimme Sohn. Schon mit 15 Jahren fing er mit Trinken und Stehlen an. Einen Beruf lernen? Wozu? Mama half ja doch immer wieder.

„Joachim“ ...... weinte Austra „Womit habe ich nur so einen Sohn verdient – aber Sohn ist Sohn ...... und ich kann ihn doch nicht total fallenlassen.“

Die letzten Jahre ihres Lebens – da half ich Austra, wo immer ich konnte. Ich ließ ihr einen Kachelofen in das verfallene Haus bauen, reparierte das Dach, kaufte ihr warme Kleidung und Schuhe ...... und hörte dann immer wieder diesen Satz von ihr: „Joachim, ich bin fast 80, mein Leben geht zu Ende. Hilf jungen Menschen, und wenn ich nicht mehr da bin, bitte achte darauf, daß mein Sohn keine Dummheiten macht.“ Austra nicht mehr helfen? Auch meine Antwort darauf war immer gleich – kurz und bündig „Austra, papperlapapp!“. Zwei Jahre später schlief die alte Frau friedlich ein, schloß am Abend die Augen und wachte nicht mehr auf. Ihr Leben war oft die Hölle – im Tod meinte der Himmel es gut mir ihr. Bei der Beisetzung liefen ihrem Sohn Tränen über Gesicht. Trauer? Ich hatte da so meine Zweifel. In der Nacht nach der Beisetzung seiner Mutter soff er in einer verrufenen Kaschemme wieder Unmengen in sich rein. Prügelei mit üblen Kumpanen. Er fiel um, schlug mit dem Kopf auf eine steinerne Treppenstufe. Gehirnblutung. Einen Arzt rief keiner. Den Toten brachten sie Stunden nach seinem Tod ins Kreiskrankenhaus, legten ihn dort einfach vor der Tür ab.

Ende November stehe ich am Grab von meiner lieben Austra, zünde eine große Windlicht-Kerze an und lege sie mit Blumen auf ihr Grab. Direkt neben ihrem letzten Ruheplatz – das Grab des Sohnes. „Mach es wegen Austra" ...... denke ich ...... und hole noch eine Kerze aus meinem vor dem Friedhofstor parkenden Auto, stelle sie auf sein Grab. Dann sammle ich noch auf dem Boden liegende Tannenzapfen für ein Kaminfeuer ein. Es ist schon Mitternacht – und ich blicke ins prasselnde Kaminfeuer, denke an Austra und ihren Sohn und die Kerze auf seinem Grab. Aufpassen sollte ich auf ihn, wenn Austra nicht mehr lebt. Das Versprechen konnte ich nicht halten. Aber das weiß ich – auch wenn der Sohn ein „Mistkerl" war – über die Kerze auf seinem Grab hätte sich Austra gefreut.

Simon-Humpelbein, Humpelbein

Einige Kinder verspotteten ihn – Simon aus der Steinstraße in Kiel, wo wir in den Fünfzigern wohnten. Simon humpelte. Sein rechtes Bein war steif. Woran es lag? Das wußte in der Steinstraße keiner. Nur die alte Ellermann, das Klatschweib der Straße, deutete an: „Der hat einiges durchgemacht". Aber mehr war auch aus ihr nicht herauszubekommen, obwohl ihr Mundwerk sonst so fleißig war, wie ein schnell dahinfließendes Flüßlein, das ein Mühlrad antreibt.

„Humpelbein, Humpelbein" – das riefen sie Simon hinterher, wenn er am späten Nachmittag vom Postamt kam, wo er einen Posten in der Verwaltung hatte. Einige Erwachsene mokierten sich darüber, daß er immer in Zivil-Kleidung kam, nie in der Post-Uniform. In den „Fünfzigern" – da waren die meisten Deutschen noch stolz auf eine Uniform – und wenn es nur der Straßenbahnschaffner oder der Postbote war. Uniform ist eben Uniform. FDP-Chef Erich Mende trug sogar bei offiziellen Veranstaltungen sein Ritter-Kreuz.

Als Berufs-Offizier war ihm das Ritterkreuz des Eisernen Kreuzes verliehen worden. Erich Mende, der später seinen „Dr. jur." machte und Bundesminister für gesamtdeutsche Fragen wurde, versteckte es nie, daß er Major und Regiments-Kommandeur war.

Auch damals gab es schon kleine Ansätze von „Gut-Menschen" – mehr Menschlein – die deswegen die Nasen rümpften. Aber die Mehrheit der Deutschen wäre auf die Barrikaden gegangen, wenn die Linken unsere Soldaten als „Mörder" beschimpft hätten.

Simon trug keine Uniform, sondern meist eine mausgraue Flanellhose und eine dazu passende Jacke ...... und immer ein strahlend-weißes Hemd mit gestärktem Kragen. Steif wie ein Brett – so sollte der Kragen sein. Fand man schick damals. Die Waschmittel-Industrie stellte für extra gestärkte Kragen ein besonderes Mittel her. Eine Firma Hoffmann hatte sich darauf spezialisiert.

Jeden Tag ein frisch gewaschenes, weißes Hemd. Das war nicht üblich in den Fünfzigern. Bunte Hemden – die wurden eine Woche und mehr getragen. Waschmaschine, schmutzige Wäsche schnell reinstecken und nach einer Stunde sauber rausholen? Von wegen. Waschbottich. Unter dem Bottich aus Kupfer Holzfeuer. Dann Wasser in Eimern ranschleppen. „Rubbelbrett" und Wurzelbürste. Harte Arbeit für die Frauen. Aber Simon, der allein lebte – der wusch jeden Tag ein weißes Hemd in einem Topf auf dem Küchenherd. Warum fällt Simon nur so aus dem Rahmen? Simons weiße Hemden waren immer wieder ein Gespräch in der Steinstraße. Ich konnte Simon gut leiden – und er mich. Immer wenn bei der Post neue Sondermarken erschienen – Simon brachte mir eine mit. Irgendwann – da fragte ich Simon: „Simon, warum ziehst Du jeden Tag ein weißes Hemd an? Stimmt es, daß Du es jeden Tag wäschst?"

Eine Frage „so nebenbei". Aber Simon – das merkte man – den traf die Frage tief. Einen Moment sah es so aus, als wenn er keine Antwort geben wollte. Doch dann sagt er leise: „Joachim, es ist schlimm, wenn andere Kinder hinter mir herbrüllen und mich Humpelbein nennen. Du bist zwar erst neun Jahre – aber ich glaube, ich kann Dir schon etwas sagen, was ich anderen Menschen nicht sagen würde. Aber Du mußt mir versprechen, daß Du es für Dich behältst."

Simon: „Weißt Du – ich bin Jude – und ich hatte einen Zwillingsbruder. Der hieß Jakob. Vielleicht hast Du es schon von Deiner Mutter gehört, daß bis vor ungefähr 10 Jahren in Deutschland ein Mann alles bestimmte. Der hieß

Adolf Hitler. Der haßte alle Juden. Meine Eltern fürchteten sich vor ihm und wollten Deutschland verlassen. „Die sperren uns eines Tages alle ein – nur weil wir Juden sind" ...... sagte mein Vater immer. Aber in ein anderes Land gehen? Wir hatten doch gar kein Geld dafür."

„Irgendwann 1943 – da trommelten mitten in der Nacht Fäuste an unsere Wohnungstür. Vier Männer. Meine Eltern und wir zwei Jungs mußten uns anziehen, wurden mitgenommen. Dann brachte man uns zu einer Sammelstelle. Da waren schon so um die 100 andere Menschen. Alle hatten Angst. Keiner wußte, wie es weitergeht. Von der Sammelstelle wurden die Menschen in offenen Lastautos zum Bahnhof gebracht". Da stand ein Zug mit Waggons. Alle weit geöffnete Türen. Sitze – die gab es nicht. Mama sagte – „Das sind ja Vieh-Waggons." Wer sich weigerte einzusteigen, der wurde mit Fäusten oder Gewehren geschlagen und in die Waggons gedrückt. Alles kann ich Dir nicht erzählen. Dafür bist Du noch zu klein. Aber wir wurden in ein Lager gebracht. Ein Mann mit Uniform – der sagte, Zwillinge – die Kinder kommen zu mir! Der Mann hieß Dr. Mengele. Meine Eltern – die wurden in eine andere Richtung gebracht. Wir sahen sie nie wieder. Der Ort, wo wir waren – der hieß Auschwitz. Mein Bruder und ich – wir waren gesund. Aber wir kamen in ein Lager-Hospital. Da machte dieser Dr. Mengele ganz schlimme Sachen mit uns. 'Zwillings-Versuche' – so nannte er das. Wir bekamen viele Spritzen und hatten starke Schmerzen. Wir waren in einem großen Krankenzimmer. 12 Kinder. Alles Zwillinge. Alle fürchteten sich vor diesem Dr. Mengele. Dann bekam mein Bruder hohes Fieber. Er starb nach zwei Tagen. Mehr möchte ich Dir nicht sagen. Nur soviel noch – durch die Versuche des Arztes bekam ich ein steifes Bein. Und weiße Hemden? Wenn Du groß bist – vielleicht wirst Du es dann verstehen – ich fühle mich in den weißen Hemden ganz einfach wohler – es ist so, als wenn ich all den Schmutz und das Schlechte damit abstreife. Und Uniformen? Ich kann sie nicht mehr sehen. Selbst ein Straßenbahnschaffner mit Uniform – ich muß dann immer sofort an diesen Dr. Mengele denken".

Ich erzählte keinem, was Simon mir anvertraut hatte. Aber wenn andere Kinder wieder „Humpelbein, Humpelbein" hinter ihm herriefen – dann sagte ich böse. „Haltet Euer Maul. Sonst sage ich meinem großen Bruder, daß er Euch eins in die Fresse haut."

Simons Briefmarken, die er mir geschenkt hatte, die habe ich immer noch.

Die „Luxus"-Matratzen

„Die Familie aus Kiel hat sogar Matratzen und schläft nicht auf Stroh". Das machte bei den Bauern im Dorf schnell die Runde. Neukirchen in Nord-Friesland. Evakuierte Familie aus Kiel, Ende der „Vierziger". Kiel war Kriegshafen. Britische Bomber flogen oft Nacht für Nacht Angriffe auf die Stadt. Meine älteren Geschwister erlebten das noch mit. Ich bin Jahrgang 1947.

Kinder mit Familien sollten vor den Bomben-Angriffen in Sicherheit gebracht werden, wurden aufs Land in Schleswig-Holstein „evakuiert". Meine Mutter mit den Söhnen Manfred und Hans Günter – plus Karin ...... alle landeten in Neukirchen. Obere Etage in einer besseren Bruchbude. Wasser aus dem Brunnen, nur ein winziges Öfchen in der Küche – aber dafür Leute vom Land, die über die Matratzen der Familie aus Kiel staunten. Die Bauern in Nordfriesland schliefen damals noch auf Stroh – und hielten Matratzen für puren Luxus.

Ich muß so um die vier Jahre alt gewesen sein – da entdeckte auch ich, den „Luxus" von Matratzen. Höhlen konnte man damit bauen und sich darin verstecken. Oder noch besser: Mit einer Leiter auf den Kleiderschrank klettern und von oben auf die auf dem Boden aufgestapelten Matratzen springen.

Bittere Armut – und meine Mutter strickte sich fast die Finger wund. Wollpullover für die Kinder der Bauern. Weiß und schwarz. Mit Muster. Meist Hirsche. Die Wolle für die Pullover hatte meine Mutter von den Stacheldrahtzäunen gezupft, an denen sich die weidenden Schafe „schubberten" und dabei Wolle verloren. Wolle waschen und auf einem alten Spinnrad spinnen. Alles in Eigenarbeit. Für die Pullover gab es Lebensmittel. Gutherzige

Bauern luden uns Kinder einmal in der Woche zum Mittagessen ein.

Als meine Mutter in der Meierei arbeiten durfte und schwere Kannen schleppte, trotzdem – Meierei ...... das war wie Goldmine. Statt mit Geld – Bezahlung mit Milch, Butter und Käse. Begehrte Tauschobjekte in der nicht weit gelegenen Kreisstadt Niebüll. Butter gegen Kinderschuhe, Schulhefte für Milch – oder Käse für Kohlen. Es gab zwar die Reichsmark. Nur – dafür gab es meist nichts zu kaufen. Eingetauschte Schuhe durften aber nur am Sonntag oder in der Wohnung getragen werden. Ansonsten – Holzschuhe Ich wundere mich immer über die lachenden Gesichter von alten Holländern, die an den Füßen Holzschuhe trugen. Für meine Geschwister waren die langen Wege zur Schule mit Holzschuhen eine Qual.

1952 zurück nach Kiel. Ende des Landlebens. Ende mit den Holzschuhen. Die Fahrt nach Kiel machten wir Kinder mit auf der Ladefläche des Möbelwagens. Natürlich lagen wir auf unseren „Luxus"-Matratzen. Es ging bergauf mit Deutschland. Die D-Mark hatte über Nacht die Schaufenster sämtlicher Geschäfte gefüllt. Die Pullover mit Hirschen für die Bauern und Milch, Butter und Käse im Tauschhandel – das war vorbei.

Manchmal fahre ich mit dem Auto nach Sylt, nur wenige Kilometer entfernt von meinem Geburtsort. Auf dem Wege dorthin auf der rechten Straßenseite ein Hinweisschild mit der Aufschrift „Heu-Herberge" ...... und dann denke ich wieder an das Stroh, auf dem die Bauern schliefen, und natürlich an unsere dreiteiligen „Luxus"-Matratzen.

Kinder und Gott

In einer Hamburger Schulklasse mit 7- und 8jährigen wurden die Kinder gefragt „Wie stellt Ihr Euch Gott vor?“ Ein Junge – sein Vater ist Gärtner: „Das ist der Mann, der auf Jesus und das Paradies aufpaßt. Da ist der Rasen immer gemäht, und es gibt viele Blumen, die immer blühen“.

Ein Mädchen: „Ich glaube – der liebe Gott ist groß wie ein Riese – er achtet darauf, daß die Menschen auf der Erde nicht zuviel Krieg machen. Wenn wir beten – dann hört er das und hilft“.

Klaus-Günther, Klassensprecher: „Ganz oben steht Gott, dann kommt sein Sohn Jesus und deren Mama, die Maria. Maria drückt schon mal ein Auge zu, wenn wir hier auf der Erde Mist gebaut haben. Die redet dann mit Jesus. Der kann Sünden vergeben. Auch wenn wir bei Klassenarbeiten abschreiben, die Schule schwänzen oder nicht die Wahrheit sagen“.

Monika ist die jüngste Tochter eines evangelischen Pastors und meint fachkundig: „Gott ist Himmel, Erde, Ewigkeit, Unendlichkeit. Ewigkeit? Mein Vater sagt, daß wir uns ein kleines Vögelchen vorstellen müssen. Das wetzt seinen Schnabel an einem Dreitausender der Alpen. Und wenn vom Schnabelwetzen der Berg abgetragen ist – dann haben wir ein wenig Ahnung davon, was Ewigkeit bedeutet“.

Sportskanone Michael, der ganz fest an den „lieben Gott“ glaubt: „Vor jedem Fußballspiel bete ich, daß ich Tore schieße. Meist klappt es“. „Alles Quatsch“ – sagt Wolfram, Sohn eines Lehrers. „Es gibt keinen Gott. Die daran glauben – das sind Spinner“. Auf einer der hinteren Bänke fängt Marika zu weinen an. „Was hast Du?“ – fragt der Lehrer. „Meine Oma ist vor einem halben Jahr gestorben.

Ich habe schon oft von ihr geträumt. Dann lächelt sie mich an und flüstert: 'Mir geht es gut. Ich bin im Paradies und ich habe keine Schmerzen mehr. Irgendwann werden wir uns wiedersehen, Marika. Sei ein gutes Mädchen und mache Deinen Eltern keinen Kummer' – und weiter Marika: „Wenn es keinen lieben Gott gäbe – dann könnte meine Oma mich doch nicht im Traum besuchen. Sie lebt nur in einer anderen Welt. Beim lieben Gott und Jesus".

Recht hat Marika. Mir soll keiner sagen, daß mit Kindern noch nicht über Religion gesprochen werden kann. Vermutlich weiß die kleine Marika darüber schon mehr als manch ein erwachsener Gottesleugner.

Die letzte Rose

Tante Lina wollte es so, und ich mußte es ihr versprechen: Wenn sie von dieser Erde für immer abberufen wird ...... „Leg nur eine rote Rose auf meinen Sarg, und sprich mit keinem meiner Kinder". Tante Lina war die ältere Schwester meiner Mutter aus Wiesbaden, meine Patentante, gutmütig, und ich war ihr Lieblingsneffe. Meine Sommer- und Winterferien durfte ich oft bei ihr verbringen. Garstig schimpfen konnte sie eigentlich nur, wenn wir der alten Frieda in ihrer mit einem Kanonenofen beheizten Straßenbude Schneebälle in den Schornstein aus Blech warfen. Wir Straßengören hatten herausgefunden, daß es in Friedas Kanonenofen laut zischte und qualmte, wenn die Schneebälle auf die glühenden Briketts fielen. Frieda kam dann immer wieder mit einem Handfeger auf die Wiesbadener Bertramstraße gerannt – um uns Plagegeister zu vertreiben. Damit hatte sie aber immer nur kurzfristigen Erfolg. Aber zumindest dann konnte sie in Ruhe Zeitungen, Zigaretten und Tabak „zum Selberdrehen" und Süßigkeiten verkaufen. Frieda war Kriegerwitwe, kinderlos, und ohne die kleine, grüne Holzbude könnte sie von ihrer dürftigen Rente nur schlecht leben. Mit so „um die 76" war es für die gute, alte Frieda nicht leicht, jeden Morgen – pünktlich um 6 Uhr – ihre Bude zu öffnen. Und – von einer kurzen Mittagspause abgesehen, in der Frieda ganz einfach die Holzklappe vor dem Verkaufsfenster dicht machte. Halbe Stunde. Dann hatte Frieda einen heißen Tee mit Kandiszucker getrunken und ihre von zu Hause mitgebrachten Brote gegessen. Die grüne Bude blieb bis 20 Uhr geöffnet. Um Ladenschlußzeiten kümmerte Frieda sich nicht. Einem Mann von der zuständigen Behörde hatte sie gesagt: „Ich muß so lange geöffnet haben, weil ich sonst das Geld für die Miete des Grundstücks der grünen Bude nicht zusammenbekomme." Der Mann von der Behörde drückte ein Auge zu, und Friedas Bude hatte weiter bis 20 Uhr geöffnet. Meine Tante Lina brachte Frieda oft eine heiße Suppe in die grüne Bude und ermahnte mich oft genug mit dem Satz: „Ärgere die alte Frieda nicht! Wenn Du sie nicht in Frieden läßt und sie Dir den Handfeger auf den Kopf schlägt – selber schuld“. Die Warnung half und Frieda hatte ihre Ruhe ...... keine Schneebälle mehr im Schornstein.

Bei der Trauerfeier auf dem Friedhof von Wiesbaden-Bierstadt mußte ich an Tante Linas Einsatz für Frieda denken. Tante Lina, die soviel Gutes getan hatte ...... Anerkennung bei ihren eigenen Kindern fand sie nicht. Eine Tochter, ein Sohn. Zur Trauerfeier war nur der Sohn gekommen. Erst jetzt dämmerte mir, warum Lina nicht wollte, daß ich „mit anderen“ bei der Trauerfeier sprach. Tante Lina: „Meine Kinder sollen merken, daß Du nicht damit einverstanden warst, daß sie oft so böse zu mir waren und mich ausnutzten“. Ob Linas Einstellung richtig war – daran zweifele ich heute. Aber ich hatte ihr mein Wort gegeben – und das hielt ich. Fast. Mit der einen Rose war ich nicht einverstanden. Ich hatte bei der Friedhofs-Gärtnerei drei prächtige Kränze bestellt. Einen mit gelben Rosen, einen mit roten Rosen und einen mit Linas Lieblingsblumen – weiße Nelken.

Am Ende der Trauerfeier sprach mich Linas Sohn an, lud mich in ein Café ein. Ich gab ihm die Hand – gegen den Wunsch von Tante Lina – stieg dann aber in mein Auto und fuhr davon. Das war nicht richtig von mir. Denn nur sechs Monate später bekam ich eine neue Todesnachricht aus Wiesbaden. Tante Linas Sohn war nach einem schweren Herzinfarkt gestorben – noch bevor der Notarzt kam.

Auf dem Bierstädter Friedhof ist auch das Grab meiner Mutter. Wenn ich es besuche – dann gehe ich auch immer zu Tante Linas Grab, lege eine rote Rose auf den Grabstein. So kann ich zumindest ein ganz klein wenig mein an Tante

Lina gegebenes Versprechen mit der einen roten Rose halten. Die gute Lina wäre friedlicher eingeschlafen, wenn die eigenen Kinder ihr zu Lebzeiten hin und wieder weiße Nelken oder eine rote Rose geschenkt hätten. Ist es nicht bei vielen von uns Menschlein so ...... erst nach dem Tod der Mutter begreifen wir, was wir ihr alles zu verdanken haben ......? Mutterliebe ist eine Liebe, die zu den schönsten Dingen im Leben gehört – und wir nehmen sie nur allzu selbstverständlich hin. So war es auch bei meiner guten Tante Lina aus Wiesbaden.